교회학교를 리셋하라

유승현 지음

# 교회
# 학교를
# 리셋
# 하라

RE:SET

미국 12개 교회에서 찾는 교회학교 리디자인

## Contents

추천사     9

프롤로그: 여행을 시작하며     26

**1장**    **교회에 아쿠아리움과 사파리가 있어요!**     39
새들백교회(Saddleback Church)
- 한국 교회 사례 ①, ②, ③ _60
- 나눔 질문 _67

**2장**    **테마파크로 꾸민 교회가 있어요!**     69
크라이스트펠로우십교회(Christ Fellowship Church)
- 한국 교회 사례 ①, ② _87
- 나눔 질문 _91

**3장**    **아기 기저귀를 갈 때 읽는 기도문이 궁금해요!**     93
하이랜드교회(Church of the Highlands)
- 한국 교회 사례 ①, ② _109
- 나눔 질문 _113

**4장**    **교회학교 예배 공간은 쉽게 들어갈 수 없어요!**     115
뉴스프링교회(NewSpring Church)
- 한국 교회 사례 ①, ② _138
- 나눔 질문 _141

**5장** **어린이의 성향에 따라 예배 스타일이 달라요!**　143
페러미터교회(Perimeter Church)
- 한국 교회 사례 ①, ② _159
- 나눔 질문 _165

**6장** **미국 교회는 소그룹을 이렇게 해요!**　167
베이사이드커뮤니티교회(Bayside Community Church)
- 한국 교회 사례 ①, ② _183
- 나눔 질문 _187

**7장** **미국에서 바이블 스터디로 유명한 교회가 있어요!**　189
세컨드침례교회(Second Baptist Church)
- 한국 교회 사례 _205
- 나눔 질문 _209

**8장** **개발한 콘텐츠 자료를 무료로 나누는 교회가 있어요!**　211
라이프교회(Life.Church)
- 한국 교회 사례 ①, ② _227
- 나눔 질문 _231

## 9장　달란트 시장, 지금도 열리는 교회가 있어요! 233
게이트웨이교회(Gateway Church)

- 한국 교회 사례 ①, ② _249
- 나눔 질문 _253

## 10장　청소년이 머물 수 있는 공간을 마련했어요! 255
사우스이스트크리스천교회(Southeast Christian Church)

- 한국 교회 사례 ①, ②, ③ _274
- 나눔 질문 _281

## 11장　청소년은 어른들과 함께 예배 드려요! 283
맥린바이블교회(McLean Bible Church)

- 한국 교회 사례 ①, ②, ③ _297
- 나눔 질문 _305

## 12장　교회에 야구 경기장을 만들었어요! 307
프레스톤우드침례교회(Prestonwood BaptistChurch)

- 한국 교회 사례 ①, ② _326
- 나눔 질문 _333

**에필로그: 여행을 통해 나누고 싶은 이야기** 334

**부록: 미국 기독교 명소 소개** 343

## 추천사

▷ **곽상학** _목사, 다음세움선교회 대표

『동방견문록』은 마르코 폴로가 아버지와 숙부를 따라 동방으로 여행하며 약 17년 동안 중국 원나라에서 체험한 내용을 기록한 책입니다. 공교롭게도 원나라의 후손인 몽골 유목민들은 지금도 정착하지 않고 대지를 떠도는 삶을 살아가고 있습니다. 미지의 동방을 향한 도전적인 항해와 대자연 속 유목 생활은 모두 새로운 세계를 향한 도전을 상징합니다. 이 책에는 마르코 폴로의 호기심과 유목민의 도전 정신이 고스란히 녹아 있습니다.


▷ **공진수** _목양교회 담임목사

목회자들은 목회 일정과 시간적·재정적 여건 때문에 세계적으로 건강하게 성장하는 교회들을 탐방하고 배우기가 쉽지 않습니다. 그러던 중 우연히 접한 유튜브 채널「유목민이야기」를 통해 그동안 알고 싶고 배우고 싶었던 건강한 교회의 신선하고도 도전적인 목회 현장을 보게 되었고, 덕분에 건강한 교회의 부흥의 동력이 무엇인지 배우게 되었습니다.

더 감사한 일은 하나님의 은혜로 유승현 목사님을 소개받게 되었고, 지금은 제가 시무하는 목양교회에서 협동목사님으로 동역할 수 있게 되었다는 것입니다. 이 책에 담겨 있는 다양한 자료와 정보, 그리고 하나님이 유승현 목사님을 통해 한국 교회에 말씀하시려는 메시지가 많은 목회자와 교회 리더들, 현장에서 아이들을 가르치는 교회학교 교사들에게 유익하고 소중한 자료로 사용되리라 확신합니다.

▷ **김상인** _움직이는교회 담임목사

"그 날에 … 다 유대와 사마리아 모든 땅으로 흩어지니라"(행 8:1). 사도행전은 박해 가운데 흩어진 이들을 통해 복음이 확장되는 하나님의 선교적 주권을 보여 줍니다. 이 책은 그 사도행전적 흐름이 오늘날 한국 교회 안에서 어떻게 선교적으로 구현되고 있는지를 생생하게 증언합니다. 선교적 교회로의 부르심에 응답한 여러 공동체의 실제 사례들은 단순한 이론이 아니라 목회와 일상 속에서 적용 가능한 살아 있는 통찰로 다가옵니다. 무엇보다 교회의 주인이 사람이 아니라 주님이심을 깊이 깨닫게 합니다. 주님의 교회를 향한 새로운 비전과 용기를 얻고자 하는 모든 이에게 이 책을 기쁘게 추천합니다.

▷ **김성중** _장로회신학대학교 기독교교육과 교수

다음세대를 살리기 위해 유목민의 삶을 살고 있는 유승현 목사님이 이 시대에 꼭 필요한 책을 출간하게 된 것을 진심으로 축하합니다. 우선 『교회학교를 리셋하라』라는 책 제목이 강렬하게 다가옵니다. '리셋'(Reset)은 '초기 상태로 되돌리다' 또는 '재설정하다'라는 의미를 지니고 있습니다. 한국 교회 교회학교는 복음이 뜨겁게 살아 있고 아가페 사랑이 넘치는 하나님 나라의 가족공동체, 곧 초대교회로 되돌아가야 합니다. 동시에 교회학교는 기성세대의 눈높이가 아닌 아이들의 눈높이에 맞는 교육 내용과 방법, 그리고 환경으로 재설정되어야 합니다.

　이 책은 저자가 직접 미국 12개 교회를 탐방하며 보고, 듣고, 깨달은 것을 정리한 결과물입니다. 더 나아가 한국 교회의 현실을 고려하면서 한국 교회 교회학교의 좋은 모델들도 함께 제시한 책입니다. 이 책을 통해 한국 교회 교회학교를 리셋하는 균형 잡힌 이론과 풍부한 실례를 제공받을 수 있습니다. 한국 교회 교회학교를 뜨겁게 사랑하고, 교회학교의 회복과 부흥을 갈망하는 모든 이에게 이 책을 강력하게 추천합니다.

▶ **김학중** _꿈의교회 담임목사

　우리는 매일 같은 집, 같은 직장, 같은 학교를 향해 같은 길을 걷지만, 그 길에서 어떤 일이 일어날지는 알 수 없습니다. 그래서 인생을 '처음 가 보는 길', 혹은 '나그넷길'이라고 부릅니다. 그렇다면 인생에서 가장 중요한 것이 무엇일까요? 바로 '내가 무엇을 향해 가는가?'라는 목적의식입니다. 그런 면에서 볼 때, 이 책의 저자인 유승현 목사님은 가치 있는 삶을 향해 살아가는 '유목민'입니다. 짧은 만남 속에서도 하나님의 마음과 교회의 미래를 깊이 고민하는 모습이 인상적이었습니다. 그 고민은 역시나 이 책 전체에 녹아져 있습니다.

이 책에서 소개하는 다양한 교회의 모습이 전통적인 시각으로는 낯설게 느껴질 수 있지만, 한 영혼을 사랑하시는 하나님의 마음을 떠올리며 읽는다면 왜 이런 교회가 생겨났는지 이해하게 되고, 나아가 목회와 봉사, 삶에 귀한 통찰을 얻을 것입니다. 부디 이 책을 통해 우리도 저자와 같이 하나님의 마음을 품기를 소망합니다.

▷ **김한수** _목사, 한국NCD교회개발원 대표

   이 책은 교회학교의 위기를 피부로 느끼는 이들에게 단순한 진단을 넘어 실제적인 대안을 모색하게 해 줍니다. "교회학교가 무너진다는 것은 교육의 실패가 아니라 신앙의 세대 간 단절을 의미한다."라는 저자의 고백은, 지금 우리가 직면한 현실을 그대로 비춥니다.

   이 책은 단순히 "미국 교회처럼 해야 한다."라고 주장하지 않습니다. 오히려 '교회의 본질을 지키면서도 어떻게 시대의 변화에 발맞춰 나갈 수 있을지' 함께 고민하자고 초대합니다. 새로운 도전을 꿈꾸는 목회자와 교회 지도자들에게 꼭 필요한 나침반과 같은 책입니다. 특히 각자의 사역 현장에서 '우리는 무엇을 바꾸고, 어디부터 시작해야 할 것인가?'를 스스로 묻게 만드는 힘이 있습니다. 읽는 데서 멈추지 말고, 반드시 적용의 자리까지 나아가길 바랍니다. 한국 교회와 다음세대의 미래를 염려하는 모든 이에게 이 책을 강력히 추천합니다.

▷ **김현철** _행복나눔교회 담임목사, 유스코스타 강사

저에게 미국은 아직 미지의 땅입니다. 1990년대 미국 교회를 탐방하고 싶었으나 일정과 재정의 한계로 기회를 놓쳤고, 작년에 비로소 기회가 있었으나 불의의 사고로 무산되었습니다. 그러던 중 유승현 목사님의 유튜브 채널 「유목민이야기」를 통해 미국 교회들의 생생한 이야기를 접하게 되었습니다. 그 귀한 내용이 이렇게 책으로 출간되어 나오니 저의 오랜 갈증을 채워 주는 듯하여 기쁩니다. 이 책에서 목사님은 막대한 비용과 시간을 들여도 쉽지 않은 탐방을 꼼꼼하게 기록하여 담아 주셨습니다. 이 책은 다양한 교회 사역을 통해 새로운 통찰을 얻고 사역의 방향을 찾고자 하는 이들에게 큰 도움이 될 것입니다. 기쁨과 감사로 강력히 추천합니다.


▷ **신도배** _서울드림교회 담임목사

다음세대 사역이 직면한 큰 도전은 이미 오래전부터 제기되어 왔습니다. 2020년부터 본격화된 우리 사회의 인구 감소는 이제 한국 사회가 팽창 사회가 아닌 축소 사회로 돌입했음을 알려 주었습니다. 또한 탈종교화 현상과 함께 더 이상 교회를 찾지 않는 청년들과 다음세대의 끊어진 발걸음은 교회학교를 위해 헌신할 목회자들의 감소로 이어졌습니다. 하지만 이런 도전 앞에서도 다음세대를 향해 꿈을 꾸며 나아가는 건강한 교회들이 있습니다. 바로 이 책에 저자가 탐방한 미국 12개 교회의 고민과 도전, 그리고 귀한 열매

들이 담겨 있습니다. 이 책을 통해 다시 다음세대를 향한 꿈을 꾸며 나아가길 바랍니다.

▷ **신형섭** _장로회신학대학교 기독교교육과 교수

  이 책은 단순한 교회 탐방기가 아닙니다. 믿음의 다음세대를 세우기 위해 현장에서 헌신해 온 유승현 목사님이 미국의 많은 교회를 통해 역사하시고 이루신 하나님의 은혜의 열매를 생생하게 기록한 귀한 증언입니다. 이 책을 읽는 독자들은 단지 다른 교회의 이야기를 듣는 것이 아니라 그 교회들 가운데 역사하신 하나님의 마음과 열심을 마주하게 될 것입니다.

  늘 하나님의 역사는 '숫자 싸움'이 아니라 '제자 싸움'이었음을 마음에 새기며, 지금도 믿음의 다음세대를 세워 가시는 하나님의 거룩한 사역에 애통과 믿음으로 응답하고자 하는 교회학교 교사들은 물론이요, 부모와 리더들에게도 실제적인 통찰과 소망을 전해 주는 책으로 기쁘게 추천합니다.

▷ **유지혜** _전도사, 한성교회 전 차세대 사역 팀장

  넓은 세상에는 얼마나 다양한 사람들이 각자의 문화로 하나님을 예배하며 하나님 나라를 펼쳐 나가고 있을까요? 때로는 내가 속한 환경에서 우물 안 개구리처럼 예배를 제한하고, 스스로 믿음의 한계를 만들고 있었는지도 모

릅니다. 그러나 하나님 나라는 시대와 문화를 초월합니다. 그 모든 것을 직접 경험하며 살면 좋겠지만, 그러지 못하는 아쉬움을 유튜브 채널 「유목민이야기」가 채워 주었습니다. 이 채널은 복음을 전하는 방식이나 세대를 바라보는 관점에서 현시대를 살아가는 교역자들에게 도전과 꿈을 전하는 통로가 되었습니다. 특히 이 책은 경험만 나열하는 것이 아니라 교육적 통찰을 함께 담아 냈습니다. 여행 기록을 넘어 하나님 나라를 세워 나가는 데 귀한 지침서가 될 것이라 생각합니다.

▷ **윤은성** _목사, 한국어깨동무사역원 대표

  이 책은 흔한 탐방기가 아닌 한국 교회와 다음세대를 진심으로 사랑하는 목회자가 절박한 시대의 질문에 몸으로 답한 여정의 기록입니다. 머리로만 쓴 책이 아니라 온몸과 마음으로 쓴 책입니다.

  무엇보다 이 책은 '다음세대를 위한 복음의 길'이 단지 프로그램이나 자원의 문제가 아님을, 교회학교는 교회의 생존을 위한 것이 아니라 존재 이유 그 자체임을 설득력 있게 보여 줍니다. 방대한 통계와 날카로운 분석, 현장 경험에 기반한 실제적 제안들이 어우러져 있어, 목회자나 교사뿐 아니라 한국 교회 교회학교를 고민하는 모든 이에게 유익한 나침반이 될 것이라 확신합니다. 시대의 흐름을 읽고, 다음세대를 위한 길을 찾는 사람들이라면 반드시 읽어 보기를 적극 추천합니다.

▷ **이상훈** _교수, 미 AEU 총장, MiCA 대표

　이 책은 위기의 시대 속에서 교회학교를 세우고자 애쓰는 교사와 목회자, 그리고 다음세대를 품은 부모와 성도들에게 새로운 상상력과 더불어 구체적이고 실천적인 길을 열어 줍니다. 특히 현장에서 길어 올린 깊은 통찰과 나눔 질문들은 교회가 함께 읽고 토론하며 미래를 향한 그림을 그리도록 힘 있게 이끌어 갈 것입니다. 저는 이 책이 단순한 성공 사례집을 묶어 놓은 것이 아니라 격변의 시대를 분별하고 교회의 본질을 회복하는 데 필요한 지혜의 보고(寶庫)라고 확신합니다. 시대를 통찰하고 복음을 새롭게 풀어 내려는 용기가 이 책에 들어 있습니다. 위기의 파도를 넘어 다음세대를 향한 하나님의 거룩한 꿈을 다시 붙들고자 하는 모든 이에게 기쁨으로 추천합니다.

▷ **이정현** _청암교회 담임목사

　유튜브에서 '유목민'으로 활동하는 유승현 목사님은 제가 만난 목사님 가운데 가장 특별한 분이었습니다. 그 특별함은 다름 아닌, 다음세대를 살리고자 하는 열정에서 비롯된 것이었습니다. 한국 교회 다음세대를 살리고자 잠시 교회 사역을 중단하고, 1년간 해외 여행을 떠나며, 6개월간 미국에 머물면서 유수한 교회를 탐방하고 연구한 목사님을 저는 보지 못했습니다. 보통의 열정이 아니었습니다. 특히 미국의 대형 교회들은 한국 목회자가 방문한다고 해서 촬영 협조를 쉽게 해 주지 않습니다. 그런데 모든 과정을 뚫고 이 책이

나온 것을 보면, 다음세대를 향한 저자의 뚝심 하나는 최고라고 여겨집니다.

오늘날 한국 교회 다음세대는 큰 위기에 처했습니다. 이때 우리에게 필요한 것은 몸무림입니다. 그렇기에 한국 교회 다음세대는 아직 충분히 희망이 있습니다. 이 책을 통해서 모든 교회가 큰 도전을 받고 다시 한번 일어나길 소망합니다.

▷ **케빈 리** _새들백교회 목사(Experience 담당)

유승현 목사님과 사모님을 처음 만났던 날이 생각납니다. 새들백교회를 방문한 수많은 분들 중 그 누구보다 미국 교회에 대해 궁금해하셨고, 한국 교회가 지금 마주하고 있는 문제에 대한 실제적인 해결책을 찾고자 하는 간절한 눈빛을 볼 수 있었습니다. 그 진지한 모습이 아직까지도 제 마음에 선명하게 남아 있습니다. 그때의 그 간절한 눈빛을 그대로 담아 기록된 이 책에 담긴 새들백교회 이야기는 제가 직접 설명하는 것보다 훨씬 더 실질적이고 공감되는 내용이었고, 다른 미국 교회에 대한 소개 역시 미국에서 사역하는 저에게도 깊은 통찰의 시간을 갖게 합니다. 한국 교회와 미국 교회는 생각보다 가깝습니다. 미국 사역자도 한국 사역자와 같은 고민을 하고 있습니다. 그 고민에 대한 새들백교회의 접근과 미국 교회의 대안들이 이 책에 소개된 대로 한국 교회에 잘 적용되길 바랍니다. 나아가 한국 교회 교회학교에서 일어나는 부흥 스토리를 다시 미국 교회에도 소개하게 될 날을 기대합니다.

▷ **장승권** _청주서남교회 담임목사

　교회의 위기는 곧 그리스도인의 위기입니다. 왜냐하면 교회는 그리스도인의 믿음공동체이기 때문입니다. 코로나19 팬데믹 이후 한국 교회 성도들의 의식과 행위는 크게 달라졌습니다. 불과 2년여의 팬데믹 기간은 대면 사회를 비대면 사회로 바꾸었고, 그 여파는 지금까지 이어지고 있습니다. 그 결과 'SBNR'(Spiritual But Not Religious), 즉 영적이지만 교회공동체에 속하지 않는 성향이 확산되었습니다. 성도들은 스마트폰과 유튜브를 통해 홀로 예배하고 말씀을 접하는 'OTT 크리스천'으로 변화해 가고 있습니다.

　이처럼 교회의 공동체성이 약화되고 다음세대가 사라져 가는 시대에, 유승현 목사님은 미국과 한국 교회의 새로운 모델을 소개하며 다시 교회의 본질로 돌아가자고 제안합니다. 이 책이 한국 교회가 다시 일어서는 디딤돌이 되기를 소망하며 일독을 권합니다.


▷ **정통령** _더세움교회 담임목사

　미국 교회 교회학교를 탐방하며 기록한 이 책은 여행 기록을 뛰어넘어 변화 앞에 멈춰선 한국 교회, 그중에서도 교회학교를 사랑하는 이들에게 던지는 간절한 메시지이자 용기 있는 제안입니다. 책 속에는 미국 12개 교회를 탐방한 기록이 담겨 있지만, 그 중심에는 '지금, 우리는 어떻게 다음세대를 품을 것인가?'라는 묵직한 질문이 흐르고 있습니다. 잘파세대의 감수성과 문화, 교회가 처한 구조적 위기까지 면밀하게 분석하면서 포기하지 않고 대안을 찾아 길을 떠난 이 여정은, 수많은 교사와 목회자들에게 용기를 주는 초대장이 될 것입니다.

특히 유튜브 채널「유목민이야기」를 통해 건강한 교회를 소개하고, 교회의 본질을 회복하려는 유승현 목사님의 사역은 이 책과 맞닿아 있습니다. 이 책은 교회학교 사역자와 교사들에게 실천적인 통찰을, 교회의 리더들에게는 장기적인 안목으로 바라보아야 할 미래의 방향을 제시합니다. 이 책이 잇사갈 자손처럼 "시세를 알고 … 마땅히 행할 것"(대상 12:32)을 고민하는 모든 이에게 등불이 되어 주기를 기도합니다.

▷ **주경훈** _오륜교회 담임목사

"준비에 실패하는 것은 실패를 준비하는 것이다."라는 말이 생각나는 요즘입니다. 한국 교회는 지금 중요한 기로에 서 있습니다. 특히 다음세대의 미래는 내일이 아니라 오늘 준비해야 합니다. 이제는 교회학교의 문제를 진단하는 데에만 급급하지 않고, 실질적 대안을 제시해야 할 때입니다.

이 책은 그 여정에 함께할 좋은 안내자입니다. 저자는 6개월간 미국을 대표하는 12개 교회의 교회학교를 탐방하며 한국 교회가 직면한 다음세대 문제의 실마리를 미국 교회의 실제 사례에서 찾아냈습니다. 아이들의 눈높이에 맞춘 다양한 예배 형식과 발달 단계에 따른 체계적 교육 방식을 소개할 뿐 아니라, 교회학교가 반드시 회복해야 할 신앙교육의 본질을 또렷이 짚어 줍니다. 단순히 'Trend'(트렌드)만 좇아가는 것이 아니라 'Truth'(진리)를 향해 나아가며 교회학교가 복음의 본질 위에서 다시 출발해야 함을 강조합니다.

저는 이 책을 다음세대 신앙교육의 주체가 되어야 할 부모님들, 그리고 교회학교 교역자와 교사들에게 자신 있게 추천합니다.『교회학교를 리셋하라』를 펼치는 당신을 통해 한국 교회 교회학교의 미래가 밝게 빛나기를 축복합니다.

▷ **지용근** _목회데이터연구소 대표

목회자들을 대상으로 강의하다 보면, 교회의 실제 사례를 소개해 달라는 요청을 종종 받습니다. 그런데 이러한 작업은 직접 발품을 팔아 교회를 탐방하고 인터뷰해야 가능하므로 결코 쉬운 일이 아닙니다. 특히 최근 몇 년간 조사 결과를 보면, 한국 교회 목회자들의 가장 큰 고민은 '다음세대'이며, 교회마다 다음세대 사역의 패러다임을 어떻게 전환해야 할지 깊이 고심하고 있음이 드러납니다. 때마침 한국과 미국에서 다음세대 사역을 성공적으로 이끌고 있는 교회의 사례를 소개하는 책이 출간된다니 참으로 반가운 일입니다. 이 책을 통해 다음세대 사역에 대한 깊은 통찰을 얻고, 한국 교회 다음세대 사역을 새롭게 디자인하는 데 큰 도움이 되리라 기대합니다.

▷ **한민수** _불로교회 담임목사

　유승현 목사님의 책 출간을 진심으로 축하드립니다. 유 목사님은 교회학교를 위해 헌신했던 다음세대 리더로서, 미국 교회 현장을 방문해 직접 보고 들은 대로 전하며 한국 교회에 새로운 길을 제시하고자 합니다. 그래서 이 책을 읽는 독자는 비록 미국 교회를 직접 보지 못했어도, 부흥이 일어나는 교회의 모습과 시대의 변화를 생생하게 접하게 될 것입니다. 또한 앞으로 한국 교회가 나아가야 할 길을 위해 깊은 기도의 자리에 서게 될 것입니다.

　특히 이 책은 교회학교와 교회의 성장 앞에서 막막함을 느끼는 이들에게 귀한 길잡이가 될 것입니다. 한 손에는 성경을, 다른 한 손에는 이 책을 들고 한국 교회가 다시 부흥의 길로 나아가기를 소망하며 기쁘게 추천합니다.


▷ **허현** _목사, 분당우리교회 중등부, 청소년 팀장

　우리는 변하지 않는 진리를 소유하고 있습니다. 참으로 감사한 일입니다. 그러나 그 진리가 변화하는 다음세대에게 잘 전수되지 않는다는 사실은 우리에게 깊은 고민을 안겨 줍니다. 바로 이 지점에서 '무엇이 변해야 하며, 어떻게 변화할 수 있는가?'라는 질문이 중요해집니다. 이러한 방법론을 고민하고 있다면, 이 책을 꼭 읽어 보시길 권합니다.

　제가 만난 저자는 한국 교회를 깊이 사랑하는 목회자이며, 다음세대를 위한 변화의 길을 치열하게 고민하는 사역자입니다. 그의 인도에 따라 다양한

교회를 탐방하다 보면, 전통을 지키면서도 변화에 도전하는 교회들의 생생한 모습을 통해 분명 새로운 영감과 자극을 얻게 될 것입니다. 다음세대가 심각한 위기에 놓여 있다고 말합니다. 그러나 이 '위기'를 '기회'로 삼아, 새로운 도전을 준비하고 있는 모든 이에게 이 책을 추천합니다.

▷ **황덕영** _새중앙교회 담임목사

지금 우리는 한국 교회와 다음세대 사역의 미래를 새롭게 그릴 수 있는 소중한 기회의 문 앞에 서 있습니다. 다음세대를 향한 하나님의 마음을 품고, 교회학교의 회복을 꿈꾸는 이들에게 이 책은 깊은 울림을 전해 줍니다. 이 책은 복음과 회복의 여정에 함께할 수 있는 귀한 나침반이며, '어떻게 다음세대를 살릴 것인가?'라는 사명 앞에 우리 모두를 세우는 겸손한 도전입니다. 다음세대 사역은 미래를 위한 준비가 아니라 지금 아이들을 '플레이어'로 세우는 사명입니다. 이는 다음세대를 향한 하나님의 소원이자, 교회가 감당해야 할 가장 영광스러운 역할입니다.

그런 의미에서 이 책은 다음세대 사역의 새로운 청사진을 보여 주며 목회자와 교사뿐 아니라 교회교육을 고민하는 모든 이에게 실제적인 방향성과 도전을 심어 줍니다. 특별히 사역의 핵심 내용을 정리하며 독자들이 나누고 적용할 수 있는 나눔 질문과 실천 과제를 담고 있어 교회 현장에서 교육과 나눔을 위한 공동체적 도구로도 유익하게 사용될 것으로 기대됩니다.

▷ **황인권** _인권앤파트너스 대표, 『5無교회가 온다』 저자

유승현 목사님의 유튜브 채널 「유목민이야기」를 처음 보았을 때, 직접 발로 뛰며 교회의 소중한 사례들을 모으는 모습에 놀람과 기쁨을 느꼈습니다. 처음에는 미국과 한국의 부흥 교회를 정리한 자료집을 내실 줄 알았는데, 교회학교에 관한 책을 집필하셔서 또 한 번 놀랐습니다. 책을 읽고 나니 오랜 교회학교 교사로서 다음세대에 대한 깊은 사랑이 담겨 있음을 알게 되었습니다.

미국 교회의 사례들을 접하면 주눅이 들 수도 있지만, 저자는 여러 질문을 통해 실제 적용점을 제시해 줍니다. 차분히 따라가다 보면 사역의 많은 실마리와 힌트를 얻을 수 있습니다. 또한 전통 교회와 새로운 유형의 교회들을 균형 있게 소개하며, 교회학교 사역의 청사진을 실제적으로 그려 줍니다. 특히 각 교회의 웹사이트까지 함께 제시해 주어, 직접 방문해 보면 더 풍성한 가이드를 얻을 수 있습니다. 이 책은 미래 교회학교 사역을 준비하는 이들에게 매우 유익한 지침서가 될 것입니다.

잇사갈 자손 중에서 시세를 알고
이스라엘이 마땅히 행할 것을 아는 우두머리가 이백 명이니
그들은 그 모든 형제를 통솔하는 자이며

역대상 12:32

프롤로그

# 여행을 시작하며

### 교회학교 위기의 현실화

한국 교회는 성도 수가 줄어드는 심각한 위기에 직면해 있습니다. 예장 통합 교단은 2010년에는 300만 성도를 달성했으나 2023년에는 220만 명으로 감소했습니다. 앞으로 2030년이면 절반 수준인 160만 명 이하로 떨어질 것이라는 전망도 있습니다. 이는 예장 통합 교단만의 문제가 아니며 앞으로 교회의 지속적인 성장과 발전을 위협하는 심각한 위기입니다.

교회학교는 더더욱 그 위기가 심각합니다. 특히 한국 교회는 교회학교를 살리기 위해 이전보다 더 많은 재정을 투자하지만, 상황은 쉽게 나아지지 않고 있습니다. 왜 그럴까요? 그 이유는 근본적인 원인을 해결하려 하기보다, 과거에 효과가 있었던 방식만을 고수하고 있기 때문은 아닐까요? 과거의 교회는 다음세대에게 머물 공간을 제공했고, 그곳에는 먹을거리와 놀거리가 있었습니다. 아이들은 자연스럽게 교회에 모였고, 함께 시간을 보내며 신앙을 형성해 나갔습니다. 그러나 지금은 상황이 완전히 다릅니다. 오늘날의 다음세대에게 교회는 더 이상 머물고 싶은 곳이 아닙니다. 교회는 재미없고 따분한 곳, 의무적으로 가야 하는 곳이 되었습니다.

그럼에도 교회학교는 여전히 과거의 방식으로 다음세대를 대하고 있는 것이 현실입니다. 이런 방식은 결국 다음세대와 교회 사이의 단절을 초래할 수밖에 없습니다. 이 단절은 단순히 세대 간 소통 부족으로 끝나는 게 아닙니다. 단절은 위기로 이어지며, 이는 교회학교의 문제를 넘어 한국 교회 전체가 직면한 근본적인 도전으로 되돌아오게 됩니다. 다음세대와의 연결이 끊어진 교회는 지속 가능성을 잃고, 결국 교회의 미래 또한 불투명해질 것입니다.

그러기에 우리는 더 이상 과거의 방식에 머물러서는 안 되며, 변화하는 세대의 특성을 깊이 이해하고 적극적으로 다가가야 합니다. 사실 교회학교의 위기 원인을 정확히 규명하는 것은 결코 쉬운 일이 아닙니다. 사회적, 문화적, 신학적 변화뿐만 아니라 교회 내부의 구조적 문제까지 맞물려 있기 때문입니다. 물론 하나의 요인으로 전체를 설명할 수는 없지만, 특히 다음의 다섯 가지가 한국 교회 교회학교가 직면한 위기의 핵심이라고 생각합니다.

1. 인구 감소 문제
2. 잘파세대의 등장
3. 탈종교화
4. 부족 문화
5. 목회자 수급 문제

**인구 감소 문제**

저출산으로 인한 학령 인구 감소가 교회학교 학생 수 감소에 직접적인 영향을 미치고 있음을 알 수 있습니다. 교육부 통계에 따르면, 1970년대 4.5명이던 합계 출산율은 2023년에 0.72명까지 떨어졌고,

그 결과 2013년에 653만 명이던 학령 인구는 2022년에 527만 명으로 19% 줄었습니다. 같은 기간 예장 통합 교단 교회학교 학생 수는 34만 명에서 21만 명으로 37%나 감소했습니다.

이는 단순한 인구 문제가 아니라 신앙 계승이 단절되고, 교회의 미래가 위협받는 일입니다. 물론 대형 교회들은 상대적으로 이 위기를 덜 체감할 수 있지만, 수많은 지역 교회와 중소형 교회는 크게 실감하고 있습니다. 만약 지역 교회와 중소형 교회들이 무너지게 된다면, 이는 단순히 몇 개의 교회가 사라지는 문제가 아니라 한국 교회 전체의 생태계가 심각한 위기에 처할 가능성이 큽니다. 그러기에 지금 필요한 것은 문제 제기를 넘어 지역 교회들이 교회학교를 다시 세울 수 있도록 실질적인 대안을 마련하는 일입니다.

### 잘파세대의 등장

현재 태어나는 아이들은 흔히 '잘파세대'Zalpha로 불립니다. 이는 1990년대 중후반부터 2010년대 초반 출생한 Z세대와, 2010년대 초반 이후 출생한 알파세대의 합성어로, 이들이 공유하는 세대적 특성을 반영한 용어입니다. 잘파세대는 태어나면서부터 디지털 기기를 접한 '디지털 네이티브'로, 영상 콘텐츠에 익숙하고 빠르게 정보를 습득하며 변화에 쉽게 적응합니다. 문제는 이러한 잘파세대의 세대적 특성이 교회의 교육 방식과 큰 차이점을 보인다는 것입니다.

지난 20년 동안 교회의 교육 방식은 거의 변하지 않았습니다. 예배 순서만 보더라도 20년 전과 지금이 거의 동일합니다. 마찬가지로 수련회와 캠프도 과거의 형식과 틀에서 크게 벗어나지 못하고 있습니다. 이처럼 시대에 뒤처진 콘텐츠와 교육 방식은 더 이상 아이들에게 매력적이지 못하며, 오히려 교회와 잘파세대 사이의 간극을 더 벌어지게 하고 있습니다. 만약 교회가 변화하지 않는다면, 다음세대와의 연결은 더욱 약해지고, 잘파세대를 품지 못하는 흐름은 가속화될 것입니다.

물론 이것은 복음의 본질을 바꾸자는 말이 아닙니다. 복음의 본질은 결코 훼손되어서는 안 됩니다. 그러나 복음을 담아내는 그릇과 전달하는 방식은 시대의 변화에 맞게 조정할 필요가 있다는 것입니다. 우리는 잘파세대에게 흥미와 관심을 주지 못하는 전통적인 교육 방식이, 결국 다음세대와 교회의 소통 단절을 초래하는 현실을 직시해야 합니다. 이제는 단순히 과거의 교육 방식을 답습하는 것이 아니라 다음세대가 신앙을 자연스럽게 받아들이고, 교회공동체 안에서 살아 있는 경험을 할 수 있도록 변해야 합니다.

### 탈종교화

현대 사회는 과학 기술의 발전으로 삶이 크게 편리해졌지만, 상대적으로 종교적 믿음이 삶 속에서 차지하는 영향력은 줄어들었습니다. 특히 다음세대일수록 종교에 대한 관심이 크게 줄어들었으며, 이는 일시적인 현상이 아니라 시대적인 흐름이 되었습니다. 한국기독교목회자협의회의 2023년 조사에 따르면, 개신교인은 2012년에 전체 인구의 23%에서 2022년에는 15%로 줄었고, 불교와 가톨릭 역시 감소했습니다. 불과 몇 년 전까지만 해도 기독교를 비판하는 '안티크리스천'이 많았다면, 최근에는 기독교를 비판할 필요조차 느끼지 않는, 더 나아가 종교 자체에 무관심한 세대가 늘어나고 있습니다.

더 이상 교회는 문화적·사회적 공간으로 인식되지 못하고 있습니다. 따라서 교회는 단순히 신앙교육을 제공하는 장소로만 머무는 것이 아니라 다음세대가 자연스럽게 찾아오고 머물고 싶어 하는 공간으로 변화해야 합니다.

현대 철학자이자 신학자인 존 카푸토John D. Caputo는 탈종교화 현상에 대해 "종교를 제도적이고 고정된 시스템으로 이해하기보다는 끊임없이 새롭게 발생하는 사건event으로 보아야 한다."고 말했습니다. 이처럼 탈종교화는 종교에 대한 단순한 거부가 아니라 오히려 신앙의 본질을 새롭게 발견하는 기회가 될 수 있습니다.

**부족 문화**

현대 사회에서는 경제 성장과 함께 스포츠, 등산, 원데이 클래스 등 다양한 문화·여가 활동이 점점 증가하고 있습니다. 현대인들은 단순한 개인 활동을 넘어 관심사와 적성이 맞는 소그룹을 선호합니다. 이러한 흐름은 학생들뿐 아니라 3040세대에게도 동일하게 나타납니다.

3040세대는 이미 가정과 직장에서 많은 책임을 감당하기 때문에 교회에서 또 다른 책무를 요구받으면 쉽게 부담을 느끼고 거리를 두게 됩니다. 따라서 교회는 이들이 자발적으로 참여하고 신앙을 삶과 연결할 수 있는 환경을 만들어야 합니다.

『보랏빛 소가 온다』(쌤앤파커스, 2023)의 저자인 세스 고딘Seth Godin은 또 다른 저서인 『트라이브즈』(시목, 2020)에서 대인은 공통 관심사를 중심으로 소규모 부족tribe 공동체를 형성한다고 말했습니다. 교회 역시 부족 문화 속에서 새로운 공동체 모델을 구축해야 합니다. 이를 위해 다음세대가 친숙하게 느낄 수 있는 콘텐츠 개발, 취미나 여가 활동이 기반이 된 소그룹 중심의 신앙공동체 형성, 지역 중심이 아닌 관심사나 또래 기반의 연결성을 강화하는 변화가 필요합니다. 교회가 이러한 시대적 흐름을 적극 수용하고, 다음세대의 문화적 특성과 라이프 스타일을 반영한 변화를 모색한다면, 그들은 교회를 단순한 종교 공간이 아닌, 의미 있는 신앙공동체로 받아들이게 될 것입니다.

### 목회자 수급 문제

현재 한국 교회는 목회자 수급 문제가 심각한 수준에 이르렀습니다. 신학교 지원자가 급감하고, 기존 사역자도 점점 줄어드는 현실은 교회학교 교육의 질적 수준을 낮출 수 있습니다. 예장 통합 총회의 목사고시 응시자는 2014년에 1,570명에서 2023년에는 997명으로 급감했습니다. 이는 일시적인 감소가 아닌 장기적으로 목회자의 수급 불균형이 심화되고 있음을 보여 줍니다. 사역자는 줄어드는 반면, 새로운 사역의 필요는 계속 증가하고 있기에 교회는 다음세대를 세우기 위한 적극적인 변화를 모색해야 합니다.

교회학교는 단순한 교육기관을 넘어 미래의 교회 지도자와 봉사자를 길러 내는 중요한 역할을 합니다. 그러나 교회학교의 위기가 지속된다면, 다음세대 교육이 약화될 뿐 아니라 미래 교회를 이끌어 갈 목회자 수급 자체가 붕괴될 위험이 있습니다. 교회학교가 무너진다면 교사와 봉사자는 물론이고, 목회자로 헌신할 인력조차 부족해지는 악순환이 발생할 것입니다.

### 위기를 어떻게 극복할 수 있을까?

한국 교회가 직면한 위기는 단순한 위기가 아니라 교회의 지속 가능성까지 위협하고 있습니다. 그러나 이러한 상황이 반드시 부정적인 결과로만 이어지는 것은 아닙니다. 인구 감소와 잘파세대의 등장은 기존의 교회학교 교육과 사역 방식의 변화를 촉구하고 있으며, 탈종교화와 부족 문화의 확산은 새로운 형태의 전도 가능성을 열어 주고 있습니다. 목회자 수급이 어려운 현실 속에서도 평신도 전문가들의 전문성과 자원을 적극적으로 활용한다면, 더욱 역동적이고 유기적인 신앙공동체를 구축하는 기회가 될 것입니다. 그러므로 교회는 단순히 과거의 방식을 답습하는 것이 아니라 변화하는 시대에 맞춰 교회학교를 '리셋'Re-set해야 합니다.

### 왜 미국 교회로 떠나야 했나?

저는 한국 교회에서 교회학교 교사로 6년, 목회자로 14년간 사역해 왔습니다. 오랜 사역의 경험은 기술과 전문성을 쌓아가는 과정이었지만, 동시에 신앙의 본질에 대한 고민이 깊어지는 시기이기도 했습니다. '교회는 어떻게 위기를 극복하고 새로운 가능성을 열어 갈 수 있을까요?'라는 질문은 교회를 사랑하는 사람이라면 누구나 한 번쯤 품어 보았을 질문일 것입니다. 저 역시 고민 끝에, 2023년 4월부터 6개월간 미국 교회를 직접 탐방하기로 결심했습니다. 책상 위 이론보다 현장에서 배우는 경험이 더 깊은 통찰을 줄 것이라 믿었기 때문입니다. 교회학교 예배 참관, 시설 투어, 목회자 인터뷰 등 직접 발로 뛰며 얻는 배움이야말로, 제게 진정 필요하던 것이었습니다.

이런 여정 가운데 저는 위기 속에서도 역동적으로 성장하는 교회들의 모습, 변화하는 시대에 맞춰 혁신하는 교회들의 저력, 그리고 다음세대를 세우기 위해 새롭게 도전하는 다양한 사역의 모델들을 접할 수 있었습니다. 그렇다면 왜 미국 교회를 선택하게 되었을까요?

한국 교회는 역사적으로 미국 교회의 깊은 영향을 받아 성장해 왔습니다. 19세기 말 한반도에 들어온 미국 선교사들은 복음 전파뿐 아니라 학교와 병원을 세워 교육과 의료 발전에 크게 기여했습니다. 그 결과 한국 교회는 단기간에 급격한 부흥을 경험했고, 미국 교회의 신앙과 운영 방식, 교육 시스템은 오늘날 한국 교회의 정체성을 형성하는 중요한 토대가 되었습니다.

미국 교회 역시 한국 교회와 마찬가지로 다음세대의 이탈, 세속화, 목회자 수급 문제 등 여러 도전을 겪어 왔습니다. 그러나 그 과정에서 교회학교를 리셋하고, 시대와 문화의 흐름에 맞게 재구성하는 다양한 시도를 이어 왔습니다. 전통을 지키면서도 지역 사회와 다음세대가 요구하는 새로운 필요를 채우기 위해 끊임없이 고민하고 실천하는 모습은 저에게 깊은 인상을 남겼습니다.

따라서 한국 교회가 미국 교회의 이러한 발자취를 면밀히 살펴본다면, 우리의 다음세대를 위한 새로운 해답을 발견할 수 있을 것이라 생각합니다. 이제 제가 받은 배움과 통찰을 많은 이들과 함께 나누고 싶습니다.

1장

# 교회에 아쿠아리움과 사파리가 있어요!

새들백교회
Saddleback Church

## 새들백교회(Saddleback Church)

웹사이트: saddleback.com
주소: 1 Saddleback Pkwy, Lake Forest, California, USA
담임목사: 앤디 우드(Andy Wood)
원로목사: 릭 워렌(Rick Warren)
교단: 초교파
설립: 1980년
주일 평균 출석: 약 30,000명

**새들백교회에 가다**

　대부분의 아이들은 아쿠아리움과 사파리를 좋아합니다. 언제나 가 보고 싶은 장소 중 하나일 것입니다. 아이들은 수중 생물이나 야생 동물을 가까이에서 보며 상상력과 창의력을 키워 나갑니다. 또한 책이나 영상으로만 보던 동물들을 실제로 관람하면서 자연스럽게 학습하는 효과도 있습니다. 이러한 점을 고려하여 미국 캘리포니아주 오렌지카운티의 레이크 포레스트에 위치한 새들백교회 레이크 포레스트 캠퍼스는 어린이 예배당을 '아쿠아리움'과 '사파리' 테마로 조성했습니다.

　새들백교회 레이크 포레스트 캠퍼스는 '레이크 포레스트'라는 이름에서 연상되는 것처럼 커다란 호수와 숲으로 둘러싸인 아름다운 지역에 위치해 있습니다. 주변에는 자연 공원이 많고, 2개의 큰 인공

호수도 있는데 사람들은 여기서 보트 타기, 수영, 피크닉 등 계절마다 즐길 수 있는 다양한 야외 활동을 즐깁니다. 이와 같은 주변의 아름다운 자연 환경을 최대한 활용하여 새들백교회는 건물과 공간을 자연 친화적으로 조성했습니다. 넓은 대지 위에 건물뿐만 아니라 잘 가꾼 녹지 공원까지 만들어 교회를 찾는 사람들에게 편안하고 신선한 분위기를 제공합니다.

또한 교회 안에는 특별한 장소가 있습니다. 바로 '예수님의 무덤'으로, 일 년 중에 한 번 부활절 주간에만 열리는 곳입니다. 이곳은 성도들에게 부활 신앙을 깊이 새기게 하는 상징적 공간으로, 매년 많은 이들이 찾아와 부활의 은혜를 나누는 곳입니다.

새들백교회는 『목적이 이끄는 삶』(디모데, 2003)의 저자로 잘 알려진 릭 워렌Rick Warren 목사님이 세운 교회입니다. 예수님의 사역 가운데 다섯 가지 목적(복음 전도, 사역, 예배, 제자훈련, 친교)을 중심으로 세워졌습니다. 『목적이 이끄는 삶』은 미국 『월스트리트 저널』이 선정한 기독교 베스트셀러로 한국어를 비롯한 85개 이상의 언어로 번역돼 지금까지 5,200만 부 넘게 팔렸다고 합니다. 이 책은 '나는 왜 이 땅에 존재하는가?'라는 질문에 답하는 40일 동안의 영적 여정입니다. 그는 새들백교회의 목회 사역에서 '목적'을 가장 중요하게 생각했는데, 새들백교회의 건물을 둘러보니 그 목적을 드러내는 건축이라고 느껴졌습니다. 현재 릭 워렌 목사님은 은퇴했고, 앤디 우드Andy Wood 목사님이 2대 담임목사로 섬기고 있습니다.

▲ 외부 녹지 공원

▲ 부활절에만 열리는 예수님의 무덤

▲ 주일예배 모습

### 한인 1.5세 목사님들의 도움

새들백교회에는 한인 1.5세 목사님들 여럿이 사역하고 있습니다. 저는 『온라인 사역을 부탁해』(두란노, 2021)라는 책의 저자로 알려진 케빈 리 Kevin Lee 목사님을 만나 교회를 투어했습니다. 케빈 목사님은 한인 1.5세로, 당시 새들백교회에서 온라인 사역을 담당하고 있었습니다. 낯선 미국 교회에서 한인 목사님을 만난 건 제게는 큰 행운이었고 참으로 감사한 일이었습니다.

사실 미국에 도착하기 전까지 방문할 교회를 확정하지 못한 상태였습니다. 새들백교회를 제외하고 40개가 넘는 교회에 이메일로 방문 의사를 보냈지만 연락이 닿은 곳은 단 한 곳에 불과했습니다. 사실 미국 교회 탐방은 돈과 시간적 여유가 있다고 해서 쉽게 할 수 있는 일이 아닙니다. 미국 교회에서 낯선 이방인의 방문을 허락해 줘야 가능한 일이기 때문입니다. 저는 여행을 떠나기 전 이메일을 통해 소통하려고 했으나 과정이 쉽지 않았고, 결국 장로회신학대학교 기독교교육과 신형섭 교수님의 조언에 따라 미국에 도착한 후 교회에 직접 전화를 걸어 약속을 잡아야 했습니다.

미국에 도착한 후 두 번째로 방문을 계획했던 교회는 애틀랜타에 있는 투웰브스톤교회12Stone Church였습니다. 미국에 도착하자마자 투웰브스톤교회에 전화를 걸었습니다. 몇 차례의 연결을 통해 담당자와 통화하게 되었지만, 담당자는 갑작스런 교회 탐방 요청에 난색을 표했습니다. 낯선 한국인 목사가 갑자기 전화를 걸어 교회학교 탐방을 요청하니 당황스러울 수밖에 없었던 것입니다.

하지만 이대로 포기할 수 없었기에 서툰 영어로 사정을 설명하며 계속해서 부탁했습니다. 결국 교회 측은 신원 보증을 요구했습니다. 그래서 미리 준비해 온 영문 목사 안수증과 신학대학원 졸업 증명서를 이메일로 제출했습니다. 하지만 다시 온 이메일에는 미국 교회에서 사역하는 목사의 추천이 필요하다는 요청이 있었습니다. 마침 그 메일을 받았을 때가 새들백교회에 방문했을 때였습니다.

케빈 목사님은 새들백교회에서 사역하는 한인 1.5세인 스티븐 문 Steven Moon 목사님을 소개해 주었고, 저는 스티븐 목사님을 만나 새들백교회 청소년 사역에 관해 이야기를 나누었습니다. 그래서 저는 스티븐 문 목사님에게 상황을 설명하며 도움을 요청했고, 그의 추천 덕분에 투웰브스톤교회에 방문할 수 있게 되었습니다. 그 후에는 거의 대부분의 미국 교회를 큰 어려움 없이 방문할 수 있었습니다.

돌이켜 보면, 미국 교회에서 사역하는 한인 1.5세 목사님들의 첫 도움이 없었더라면 미국의 21개 교회를 탐방하는 것은 불가능했을지도 모릅니다. 저는 미국 교회를 탐방하면서 미국에서 사역하는 한인 목사님들에게 받은 도움을 잊을 수 없습니다. 그분들 덕분에 특별히 한국 교회의 다음세대 사역에 꼭 나누고 싶은 12개 교회의 이야기를 골라 이렇게 책을 출간할 수 있었습니다. 그들에게 감사의 인사를 전하며 미국 땅에서 하나님의 부르심에 응답하여 헌신하는 한인 목사님들을 응원합니다.

### 새들백교회의 테마형 교육 공간

케빈 목사님의 안내로 새들백교회 이곳저곳을 둘러보면서 가장 인상 깊었던 것은 다음세대를 위해 마련된 교육 환경입니다. 약 10만 평에 이르는 대지 위에 미취학, 취학, 청소년을 위한 각각의 단독 건물이 마련되어 있습니다. 특히 취학 어린이를 위한 시설인 키즈 건물

▲ 키즈 건물 외관

▲ 청소년 건물 외관

은 9천 평이 넘는 면적으로, 건물을 지을 당시에 단일 교회의 교회학교 시설로는 세계 최대 규모였다고 합니다.

새들백교회 교회학교 건물은 매우 인상적이었는데, 학생들의 연령과 발달 단계를 세심하게 고려하여 다양한 테마로 예배 공간을 디자인했습니다. 초등 1~2학년 예배 공간은 아쿠아리움, 초등 3~4학년 예배 공간은 사파리, 초등 5학년 예배 공간은 도시, 청소년 예배 공간은 공장처럼 제련소를 테마로 디자인했습니다. 청소년 예배 공간을 제련소로 꾸민 이유는 제련소에서 철광석이 강철로 만들어지는 것처럼, 이렇게 꾸민 예배 공간을 통해 청소년들이 예수님의 제자로 성장하길 바라는 의미가 담겨 있습니다.

특히 새들백교회의 취학 어린이 예배당은 테마별로 아이들의 눈높이에 맞춰 설계되어 아이들에게 친구와 선생님을 만나는 편안한 장소이자 친숙한 놀이터가 되게 합니다. 이러한 환경은 아이들이 교회를 부모의 강요 때문에 나오는 공간이 아니라 스스로 나오고 싶은 곳으로 만들어 줍니다.

이 건물을 지을 당시 담임목사였던 릭 워렌 목사님은 "교회의 교육이 세상의 교육보다 더 체계적이고 수준급이어야 한다."는 철학을 가지고 있었고, 실제로 아이들의 예배 공간을 만들기 위해 디즈니랜드를 설계한 설계사를 고용했다고 합니다. 아이들에게 최고의 예배 공간을 제공하기 위한 담임목사님의 확고한 의지와 교육 철학을 엿볼 수 있습니다.

▲ 초등 1~2학년 예배당 내부

▲ 초등 3~4학년 예배당 내부

1장. 교회에 아쿠아리움과 사파리가 있어요!

### 디지털 아쿠아리움과 사파리 테마

새들백교회의 키즈 건물은 아이들의 눈높이에 최적화된 예배 공간입니다. 특히 연령에 따라 아쿠아리움, 사파리, 도시를 테마로 한 각각의 예배 공간은 아이들의 흥미를 끌기에 충분합니다. 물론 테마 디자인이 가진 한계도 분명히 있습니다. 실제 아쿠아리움이나 사파리처럼 대규모로 조성된 공간도 아닐뿐더러 사육하는 생물의 숫자도 적기 때문입니다.

2019년도에 새들백교회에 방문했을 때, 새들백교회에는 실제 물고기를 키우는 유리 수족관이 있었습니다. 그런데 최근에 유리 수족관을 없애고, 그곳에 디지털 아쿠아리움을 설치하는 리뉴얼을 단행했다고 합니다. 새들백교회에서 취학 어린이부를 담당하는 존 카푸토John Caputo 목사님은 다음과 같이 말합니다.

> "테마별 예배 공간은 다양한 연령대의 아이들에게 재미를 주고, 예배 참여의 의지를 북돋아 줍니다. 하지만 시간이 지나면서 디자인들은 낡고 진부해졌습니다. 그래서 우리는 그러한 요소들을 없애고 아쿠아리움을 디지털로 바꿨습니다. 디지털 아쿠아리움은 현재 아이들에게 매우 인기가 있습니다."

이렇게 초등 1~2학년을 위한 예배 공간은 디지털 아쿠아리움으로 바뀌었습니다. 예배당 내부로 들어가면 모니터 화면을 통해 산호초와 수족관을 볼 수 있고, 스피커에서는 물소리가 흘러나와 마치 정말로 물속에 있는 것 같은 착각이 들게 합니다. 특히 내부에는 디지털 산호초 체험 장비가 설치되어 있었는데, 이 기계를 통해 아이들은 자신이 원하는 물고기를 만들 수 있습니다. 물고기의 종류와 색상을 지정할 수 있고, 물고기의 이름도 지을 수 있습니다. 그리고 아이들이 만든 물고기는 디지털 산호초에서 살게 됩니다. 디지털세대에게 어울리는 이러한 접근은 교회 예배당을 예배 공간만으로 한정하지 않고, 아이들의 호기심을 자극하고 상상력을 발휘하여 창조적 사고를 강화시켜 주는 공간으로 기능합니다.

초등 3~4학년을 위한 예배 공간은 사파리를 테마로 꾸몄는데, 실제로 파충류를 사육하고 있습니다. 대형 왕도마뱀은 관리가 필요해서 전담 직원까지 따로 있다고 합니다. 덕분에 아이들은 교회를 오가며 파충류가 자라는 모습을 관찰하게 됩니다. 점점 몸집이 커지며 변해 가는 파충류는 아이들의 호기심을 자극하기에 충분합니다. 이처럼 아이들의 눈높이에 맞춰 설계된 예배 공간은 교회에 다니지 않는 주변 아이들이나 부모님에게도 알려져 교회에 대한 긍정적인 인상을 주고 전도의 도구로도 활용됩니다.

이처럼 새들백교회는 변화를 두려워하지 않고, 시대의 흐름에 맞춰 끊임없이 새로운 시도를 하는 교회입니다. 예배 공간은 전통적인 형식에서 벗어나 아이들의 참여와 흥미를 유도하는 공간으로 확장되고 있습니다. 그 결과 새들백교회 교회학교는 지속적으로 성장하고 있으며 아이들이 주일을 손꼽아 기다리는 교회가 되었습니다. 이러한 접근 방식은 단순한 시설 투자가 아니라 신앙교육을 보다 창의적이고 효과적으로 하기 위한 깊은 고민의 결과입니다. 아이들이 교

▲ 초등 1~2학년 예배당 로비

▲ 디지털 아쿠아리움

▲ 나만의 물고기 만들기

회에서 신앙을 배우는 것을 즐겁고 자연스러운 경험으로 받아들일 수 있도록 교회가 적극적으로 변화하는 모습은 한국 교회에도 큰 교훈을 줍니다.

에릭 에릭슨Erik H. Erikson은 인간 발달을 심리적·사회적 상호작용 속에서 끊임없이 이루어지는 복합적인 과정으로 보고, 이를 여덟 단계로 구분한 '심리사회적 발달 이론'을 제시했습니다. 그는 각 단계에서 발생하는 심리사회적 위기를 어떻게 해결하느냐에 따라 성격 형성과 삶의 태도가 결정된다고 말합니다. 각 단계에는 핵심 과제(심리사회적 위기)가 있는데, 이를 성공적으로 해결하면 건강한 성격이 형성되고, 실패하면 심리적 문제나 정체성의 혼란을 겪을 수 있다는 것입니다.

에릭슨은 학령기(6~12세)를 '근면성 대 열등감'의 단계로 보았습니다. 이 시기의 어린이들은 자신이 목표를 설정하고 성취하는 경험을 통해 스스로에 대한 긍정적인 이미지를 형성합니다. 아이들은 학교에 입학하고, 학습, 과제, 협동, 규칙, 역할 등 새로운 사회적 요구에 적응해 나갑니다. 이 과정에서 성취한 경험은 근면성을 발달시키며 주변 환경에서의 격려와 인정은 아이에게 자신감을 키워 주고 성취감을 안겨 주지만, 반대로 반복된 실패와 부정적인 피드백은 열등감만 느끼게 해 줍니다. 따라서 아이들을 향한 격려와 작은 성공에 박수를 보내는 일은 학령기 아이들에게 매우 중요한 요소라고 할 수 있습니다.

▲ 3~4학년 파충류 사육 시설

　이런 의미에서 새들백교회의 디지털 아쿠아리움과 파충류 사육 시설은 에릭 에릭슨의 사회심리학적 이론을 토대로 만들어진 공간입니다. 초등 1~2학년은 '나만의 물고기 만들기' 프로젝트를 통해 물고기를 만들고 돌보며 창의성과 책임감을 배우고, 초등 3~4학년은 실제 파충류를 관찰하면서 탐구심과 사고력을 기릅니다. 이러한 테마 예배당은 단순한 재미를 넘어 성취감과 자신감을 경험하게 하며, 공동체의 격려 속에서 근면성과 자기 효능감을 키우는 환경을 제공합니다. 그 결과 아이들은 교회를 따뜻하게 기억하게 되고, 이는 장기적인 신앙의 지속성과 안정감을 주게 됩니다.

### 통유리로 된 외부 벽

새들백교회의 미취학 어린이 건물은 외부 벽이 통유리로 되어 있습니다. 그래서 자연광이 충분히 들어와 내부 공간에 조명이 없더라도 언제나 밝고 환한 상태를 유지할 수 있습니다. 이러한 따뜻하고 밝은 분위기는 예배 집중력을 높여 주며 아이들에게 편안함을 느끼도록 해 줍니다. 또한 통유리를 통해 바깥을 볼 수 있어 아이들이 공간 안에 갇혀 있다는 느낌보다는 자연 세계와 연결된 듯한 느낌을 받게 되며, 그로 인해 심리적 안정감이 높아집니다. 존 카푸토 목사님은 미취학 어린이 건물을 통유리로 디자인한 이유에 대해 다음과 같이 설명합니다.

> "우리가 미취학 어린이 건물을 통유리로 디자인한 이유는 아이들의 안전 때문입니다. 이 공간은 아이들과 교사가 함께 하는 공간이기 때문에 여기에는 숨겨진 공간이 있어서는 안 됩니다."

무엇보다도 통유리 벽은 숨겨진 공간을 없애는 역할을 합니다. 예배당 안에서는 아이들을 언제든지 살펴볼 수 있습니다. 그래서 부모는 자신의 자녀가 무엇을 하고 있는지 통유리를 통해 직접 확인할 수 있어 안심하고 맡길 수 있습니다. 미국 교회는 교회학교 공간에 외부인이 들어갈 수 없도록 제한하는 경우가 많습니다. 마찬가지로 새들백교회도 교회학교 공간에 외부인이 들어갈 수 없도록 제한을

▲ 통유리로 된 미취학 어린이 건물

두고 있습니다. 그래서 새들백교회를 방문했을 때 어린이예배를 참관할 수 없었습니다. 새들백교회는 외부인, 심지어 부모조차 마음대로 미취학 어린이 건물 안으로 들어갈 수 없다고 합니다. 바로 아이들의 안전 때문입니다.

  이와 같은 안전상의 이유로 인해 새들백교회는 미취학 어린이 건물 외벽을 통유리로 설계했습니다. 새들백교회의 이러한 공간 설계는 교회가 아이들의 안전을 얼마나 중요하게 여기는지를 보여 주는 단적인 예라고 할 수 있습니다. 아이들의 안전을 보장하면서도 자연과 연결될 수 있는 환경을 제공함으로써 아이들이 교회 오는 것을 즐거워하도록 만드는 새들백교회의 배려가 매우 인상적입니다.

### 대안보다 철학을 세우라

과연 우리가 섬기는 교회에서 주일이 오기만을 손꼽아 기다리는 아이들은 얼마나 될까요? 아이들이 주일을 기다릴 만한 이유가 교회에 있을까요? 저출산과 문화·여가 생활의 확대로 인해 교회학교 아이들이 줄어드는 현실 속에서 아이들로 하여금 주일을 기다리게 만드는 것은 한국 교회학교의 중요한 과제입니다.

새들백교회처럼 테마를 가진 예배당을 만드는 것도 한 가지 방법이 될 수 있겠지만, 사실 재정이 넉넉한 대형 교회가 아니라면 이러한 시설을 갖추기는 어렵습니다. 그렇다고 해서 실망할 필요는 없습니다. 새들백교회도 처음부터 현재의 모습이 된 것은 아니었습니다. 많은 시행착오와 변화를 겪으면서 현재의 모습을 갖추게 되었습니다.

▲ 벽면에 새겨진 새들백교회의 다섯 가지 목적

대안을 찾는 것도 중요하지만 무엇보다도 철학을 세우는 것이 중요합니다. 그것이 먼저입니다. 앞서 언급한 대로 릭 워렌 목사님은 "교회의 교육이 세상의 교육보다 더 체계적이고 수준급이어야 한다."고 강조했습니다. 이는 교회가 교회 교육에 대해 깊은 생각과 철학을 가지고 있어야 한다는 것을 의미합니다. 교회가 어떻게 할 수 있을지를 고민하기에 앞서 다음세대에게 필요한 교육이 무엇인지를 관찰하고 분석하는 것이 선행되어야 합니다. 즉 교회학교 교육에서는 '어떻게' 보다 '무엇인가'가 먼저이며, 대안보다 철학이 우선입니다.

## 누구에게나 열린 교회

새들백교회는 누구에게나 열린 교회입니다. 넓은 잔디 마당과 공원처럼 잘 가꿔진 캠퍼스를 가지고 있어 지역 주민도 언제든지 편안하게 산책하러 올 수 있는 곳입니다.

본당은 통유리 구조로, 문을 열면 교회 안과 밖이 하나로 연결됩니다. 외부에도 의자가 있기 때문에 유리문을 개방하면 본당이 넓어 보이는 착시 효과도 줍니다. 또한 외부에서도 본당 내부를 볼 수 있어 새로 온 주민이나 방문자가 쉽게 예배당에 접근할 수 있다는 장점도 갖고 있습니다.

교회 마당에서는 커다란 스크린을 통해 실시간으로 예배가 송출

▲ 본당과 연결된 야외 예배당

▲ 주일 무료 커피 나눔

▲ 주차장에서 본당으로 가는 길

됩니다. 교회 안에 들어오는 것을 꺼려하는 성도의 가족이나 초신자들이 벤치에 앉아 설교 말씀을 들을 수 있게 하기 위한 배려라고 합니다. 간혹 교회에 반려견과 산책을 나왔다가 예배를 드리고 가는 주민들도 있다고 합니다. 주일에는 커피도 무료로 제공합니다. 이처럼 새들백교회는 교회를 찾는 모든 사람에게 문을 활짝 열어 두고 있습니다.

새들백교회의 본당 의자는 바닥과 분리가 가능한 이동식 의자입니다. 고정식 의자에 비해 비용이 더 많이 들지만 본당에서 의자를 모두 빼내야 할 때가 있기 때문입니다. 바로 아이들의 여름 캠프 기간입니다. 새들백교회는 여름 캠프 기간에 아이들을 위해 본당 의자를 모두 치우고 놀이기구를 설치합니다. 아이들이 시원한 본당에서 마음껏 뛰놀 수 있도록 하기 위함입니다.

### 한국 교회 사례 ①

새들백교회의 예배 공간 리모델링 사례는 예배당을 단순히 예배만 드리는 장소가 아니라 아이들이 하나님을 만나고 신앙을 경험할 수 있도록 돕는 공간으로 변화시켜야 함을 보여 줍니다. 예배 공간이 이렇게 변할 때 교회학교는 더욱 건강하고 활기찬 공동체가 될 것입니다.

서울시 양천구에 위치한 한성교회(도원욱 담임목사)는 코로나19 팬

▲ 한성교회 롤러 예배당

데믹 기간에 취학 어린이 예배 공간을 롤러장으로 리모델링했습니다. 그리고 이곳을 '하키우키'(하나님이 키우세요. 우리 아이 키우세요.)라고 이름을 붙였습니다. 하키우키에서는 주일 오전 취학 어린이예배와 주일 오후 캡틴 워십(놀이 중심의 어린이예배)이 진행됩니다. 코로나19 팬데믹 이전에 한성교회 어린이부는 유년부(1~2학년), 초등부(3~4학년), 소년부(5~6학년)로 나누어져 있었는데, 어린이 예배 공간을 리모델링하면서 부서를 통합해 연합 부서로 만들었습니다. 한성교회 롤러 예배당은 롤러스케이트를 타는 공간일 뿐만 아니라 아이들을 위한 다양한 놀이가 이루어지는 장소이기도 합니다.

한성교회는 취학 어린이부 이상의 모든 교육부 목회자를 전임목회자로 청빙했습니다. 나아가 차세대 디렉터로 여성 목회자인 유지혜 전도사님을 청빙했습니다. 한성교회가 속한 예장 합동 교단은 여성 목회자에게 목사 안수를 주지 않습니다. 여성 목회자가 교회 안에서 리더나 디렉터로 섬기는 것이 쉽지 않은 구조입니다. 이러한 교단의 구조적 한계에도 불구하고 도원욱 목사님이 유지혜 전도사님을 차세대 디렉터로 청빙한 것은 그녀가 오륜교회 꿈이있는미래에서 문화사역 팀장을 하는 등 어린이 사역의 전문성을 갖추고 있었기 때문입니다.

교회가 교회학교를 위해 이러한 투자를 할 수 있는 것은 담임 목회자와 교회 리더십의 분명한 목회 철학이 있기 때문입니다. 한성교회가 여성 목회자에게 권한과 리더십을 부여하고, 다음세대 공간을 위해 대규모 투자를 단행한 것은, 차세대 교육은 전문가에게 맡겨야 한다는 소신과 교회를 살리는 길은 교회학교에 아낌없이 투자하는 것이라는 한성교회의 분명한 목회 철학 때문에 가능한 일이었습니다.

### 한국 교회 사례 ②

서울시 용산구에 위치한 청암교회(이정현 담임목사)는 75년의 역사를 지닌 곳으로, 오랜 세월 동안 변화와 혁신을 추구하며 다음세대를 향한 분명한 철학을 실천해 왔습니다. 그러던 중 『교사베이직』(생명의말씀사, 2018)의 저자이자 2019년에 지방 소도시에 위치한 군산드림교회에서 500명이 넘는 청소년부를 만들어 청소년 사역의 신화를 썼던 이정현 목사님이 청암교회의 담임목사로 부임하면서 교회는 또 한 번의 중요한 변화를 맞이했습니다.

 이정현 목사님이 부임하기 전 청암교회 교회학교는 파트타임 사역자가 교육부를 담당했지만, 그는 교회학교에 풀타임 전임 사역자가 있어야 교회학교가 더 안정적으로 운영될 수 있다고 판단했습니다. 한국 교회에서는 대체로 어떤 사역자가 오느냐에 따라 부서의 분위기와 사역의 질이 크게 달라지기 때문입니다. 이에 따라 청암교회는 선택과 집중을 통해 다음세대 교육을 담당할 좋은 풀타임 사역자와 함께하려는 노력을 기울였고, 현재 교회학교의 모든 사역은 풀타

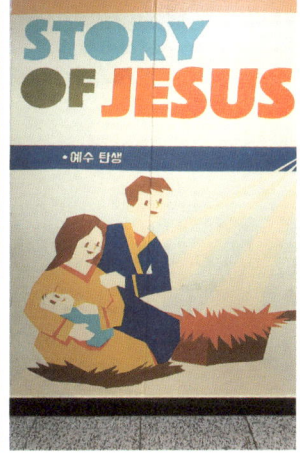

▲ 청암교회 어린이예배 모습   ▲ 청암교회 교회학교 예배당 벽화

임 사역자가 담당하고 있습니다.

또한 청암교회는 코로나19 팬데믹 기간 동안 다음세대를 위한 교육부 공간을 리모델링하는 작업을 진행했습니다. 지하 예배당 복도에는 벽화를 그려 밝고 환한 분위기를 조성했으며 아이들이 벽화를 통해 예수님의 생애와 이스라엘 역사를 한눈에 볼 수 있도록 디자인했습니다. 또한 어린이 예배 공간 역시 밝고 생동감 있는 색상으로 변화를 주어 더욱 친근한 환경을 조성했습니다.

이 과정에서 청암교회의 어른 성도들은 다음세대를 위해 찬양대 연습실을 아이들에게 양보하는 아름다운 결정을 내렸습니다. 기존의 찬양대 연습실은 다음세대를 위한 공간으로 리모델링되었습니다. 이곳에서는 '어와나'Awana가 진행되는데, 이것은 어린이와 청소년에게 기독교 신앙을 효과적으로 가르치기 위해 설계된 성경 중심의 주일학교 프로그램입니다. 이와 같이 청암교회는 다음세대 교육을 위한 실질적인 환경을 조성하는 데 앞장서고 있습니다.

### 한국 교회 사례 ③

경기도 구리시에 위치한 목양교회(공진수 담임목사)는 2024년 초에 특별한 선택을 했습니다. 서울의 한 대형 교회에서 은퇴한 정형권 목사님을 차세대 총괄 목회자로 청빙한 것입니다. 목양교회는 정형권 목사님의 풍부한 교회학교 경험과 전문성에 주목했습니다. 목양교

▲ 목양교회에서 어와나를 진행하는 정형권 목사님

회가 속한 예장 통합 교단법상 만 70세까지 목회가 가능하다는 점도 작용했습니다.

 정형권 목사님은 오랜 기간 교회학교를 섬겨 온 다음세대 사역 전문가로, 특히 성경 구연동화에 탁월한 달란트를 지닌 분입니다. 청빙 이후 그는 교육부 전체를 총괄하며 영유아부와 어와나 사역을 담당하고 있습니다. 정형권 목사님의 부임 이후 목양교회 영유아부는 아이들과 부모들의 만족도가 눈에 띄게 높아졌으며, 출석 인원도 점차 늘어나는 추세라고 합니다. 무엇보다 현장 경험에서 비롯된 풍부한 노하우와 구연동화는 교사들과 학부모들에게 깊은 인상을 주고 있습니다.

더 나아가 정형권 목사님은 '시니어 교회학교'라는 새로운 개념의 사역을 구상하며 시니어세대를 위한 신앙교육 모델을 시도하고 있습니다. 이는 단순한 고령자 예배 프로그램을 넘어 시니어세대가 배우고 나누며 참여하는 교육공동체로서의 교회학교를 지향한다는 점에서 주목할 만합니다. 목양교회의 이러한 목회자 청빙 결정은, 교회학교 사역에서 연령보다 전문성과 소명이 더 중요하다는 것을 보여주는 사례입니다.

한성교회와 청암교회, 목양교회의 사례는 다음세대 사역을 위해 분명한 철학을 세우는 것이 현실적인 대안을 찾는 것보다 더욱 우선되어야 한다는 사실을 다시금 깨닫게 합니다. 올바른 신앙교육 철학이 확립될 때, 교회는 자연스럽게 그에 맞는 방향을 설정하고 효과적인 대안을 마련할 수 있습니다. 결국 이러한 사례는 한국 교회가 다음세대 사역을 위해 어떤 방향으로 나아가야 하는지를 고민하는 교회들에게 하나의 좋은 모델이 된다고 생각합니다.

**나 눔 질 문**

1. 새들백교회는 아이들의 연령과 관심사에 맞는 테마별 예배 공간을 통해 아이들에게 교회에 대한 친근감과 흥미를 심어 줍니다. 우리 교회학교의 예배 공간은 아이들에게 어떤 인상을 주고 있나요? 아이들의 눈높이에 맞춰 변화를 줄 수 있는 부분은 무엇일까요?

2. 릭 워렌 목사님은 "교회의 교육이 세상의 교육보다 더 체계적이고 수준급이어야 한다."는 철학을 강조했습니다. 우리 교회학교의 교육 철학은 무엇인가요? 다음세대에게 필요한 교육을 제공하기 위해 우리는 무엇을 준비해야 할까요?

3. 새들백교회는 통유리 벽을 통해 아이들의 안전을 보장하면서도 자연과 연결되는 개방감을 제공합니다. 우리 교회학교가 아이들에게 더 나은 환경을 주기 위해 개선할 점은 무엇일까요?

4. 새들백교회는 디지털 아쿠아리움과 같은 창의적인 접근을 통해 아이들의 호기심을 자극하고 상상력을 발휘할 수 있는 환경을 제공합니다. 우리 교회학교는 디지털세대들에게 다가가기 위해 어떤 도구나 방법을 활용할 수 있을까요?

**2장**

## 테마파크로 꾸민 교회가 있어요!

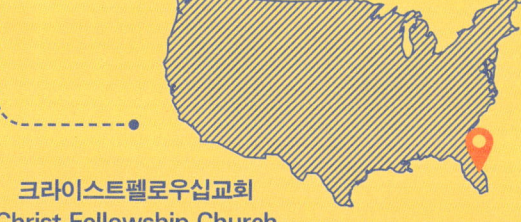

크라이스트펠로우십교회
Christ Fellowship Church

### 크라이스트펠로우십교회(Christ Fellowship Church)

웹사이트: christfellowship.church
주소: 5343 Northlake Blvd Palm Beach Gardens, FL 33418
담임목사: 토드 멀린스(Todd Mullins), 줄리 멀린스(Julie Mullins)
교단: 초교파
설립: 1984년
주일 평균 출석: 약 32,500명

**성경 테마파크가 존재한다면?**

미국 플로리다주는 세계적으로 인기 있는 휴양지입니다. 특히 플로리다주 중남부 내륙 지역에 위치한 올랜도에는 월트 디즈니 월드와 유니버설 스튜디오 플로리다 등 세계 최대 규모의 테마파크가 있습니다. 이곳에서 아이들은 동화 속 캐릭터들을 만나고, 환상적인 퍼레이드와 쇼, 짜릿한 놀이기구를 통해 특별한 추억을 쌓아 갑니다.

만약 성경을 주제로 한 이런 테마파크가 있다면 어떨까요? 아이들이 성경 이야기를 오감으로 체험하며 신앙을 배울 수 있는 공간이 될 것입니다. 기독교 뮤지컬을 만들어 공연하는 광야아트미니스트리의 김관영 목사님은 기독복합문화예술센터 The Word World라는 성경 테마파크를 꿈꾼다고 합니다. 성경을 테마로 놀이동산이 운영되는 것인데, 요한복음 시즌에 오면 요한복음을 외우고 써야 놀이기구

▲ 외부 잔디 마당

▲ 교회 로비

를 이용할 수 있는 시스템이라고 합니다. 상상만 해도 가슴 벅찬 이야기입니다.

### 크라이스트펠로우십교회에 가다

테마파크의 본고장인 미국 플로리다주에는 교회학교 시설을 테마파크처럼 디자인한 특별한 교회가 있습니다. 바로 플로리다주 웨스트 팜비치에 위치한 크라이스트펠로우십교회 팜비치 가든스 캠퍼스입니다. 웨스트 팜비치는 미국의 대표 휴양지인 마이애미 북쪽에 위치한 작은 도시로 늘 관광객들로 붐비는 지역입니다.

길게 늘어선 야자수들이 드리워진 도로를 따라가다 보면 크라이스트펠로우십교회 팜비치 가든스 캠퍼스에 다다르게 됩니다. 이곳은 열대 낙원처럼 연중 기온이 높고 강수량이 많아 후덥지근합니다. 교회를 방문하던 날도 어김없이 무더위가 기승을 부렸지만, 뜨거운 태양 아래 푸르른 야자수에 둘러싸인 교회의 전경이 너무 아름다워 더위도 잊었습니다.

저는 최대한 건물에서 가까운 곳에 주차를 하고 교회 로비로 들어갔습니다. 교회 로비에는 사전에 연락을 주고받았던 트레이시 로빈슨Tracy Robinson 목사님이 기다리고 있었습니다. 그녀는 낯선 한국인 목사를 정겹고 따뜻하게 반겨 주었습니다.

## 부부 공동 목회

우리나라에서는 부부가 공동 목회를 하는 교회를 좀처럼 볼 수 없는데, 크라이스트펠로우십교회는 부부인 토드와 줄리 Todd & Julie Mullins 목사님이 공동으로 담임 목회를 하고 있습니다. 보통 주제 시리즈로 설교를 하는데, 두 분이 번갈아 가며 설교하고 마지막 결론 부분에서는 두 분이 함께 나와 공동으로 설교를 한다고 합니다. 방문한 날은 '교회 사랑 주일' Heart for the House 이라는 주제의 마지막 결론을 맺는 날이었습니다. 그래서 이날은 부부가 함께 강단에서 설교를 했습니다. 우리나라에서는 보기 힘든 광경이라 굉장히 인상적인 장면으로 기억됩니다.

▲ 토드와 줄리 목사님의 공동 설교 모습

크라이스트펠로우십교회는 '하나 됨, 성숙, 성장, 봉사, 열정'이라는 다섯 가지의 핵심가치를 추구하는데, 그중에서도 '하나 됨'을 중시하는 교회입니다. 그래서 교회를 단순히 건물이 아니라 함께하는 가족으로 여깁니다. 누구나 와서 예배드릴 수 있도록 자연스럽고 편안한 예배를 추구하는 것도 그들이 가진 핵심가치와 교회의 하나 됨이라는 정신에서 비롯된 것입니다.

### 테마파크형 어린이 예배 공간

크라이스트펠로우십교회 교회학교가 특별한 이유는 아이들을 위한 예배 공간을 테마파크형 예배당으로 만들었다는 것입니다. 앞서 언급한 대로 플로리다주 올랜도에는 월트 디즈니 월드와 유니버설 스튜디오 플로리다가 있습니다. 크라이스트펠로우십교회는 플로리다주가 테마파크의 본고장이라는 점에 착안하여 어린이들이 이용하는 크라이스트펠로우십 키즈CF Kids 건물을 성경 테마파크 형태로 만들었습니다. 이러한 형태의 건물은 교회가 아이들에게 친근한 이미지로 다가갈 수 있고, 아이들에게 신비로움과 즐거움을 선사하기 때문입니다. 크라이스트펠로우십 키즈 건물의 이름은 '하나님의 도시'God's Town입니다. 단순히 테마파크 형태를 넘어 건물 곳곳에 성경적 의미를 담아 내려고 노력했습니다. 이를 통해 아이들이 놀이와 경험 속에서 하나님의 말씀을 자연스럽게 배우게 하기 위한 것입니다.

아이들이 예배하고 머무는 공간을 성경 속 인물들을 주제로 꾸며, 성경과 한층 더 가까워지도록 만들었습니다. 느헤미야는 건축 사무소, 다니엘은 사자 조련사방, 요셉은 코트샵, 골리앗은 빅사이즈 옷가게 등으로 표현한 공간들이 참으로 인상적입니다. 밧모섬에서 계

▲ 느헤미야의 건축 사무소

▲ 다니엘의 사자 조련사방

▲ 요셉의 코트샵

▲ 골리앗의 빅사이즈 옷가게

시를 받아 요한계시록을 기록한 사도 요한의 '붓을 든 손' 조형물이 설치된 건물 역시 아이들이 좋아하는 명소입니다. 아이들은 이곳에서 성경 속 인물들을 접하며 성경 말씀이 단순한 글자가 아닌, 살아 숨 쉬는 하나님의 이야기로 받아들이게 될 것입니다.

▲ 크라이스트펠로우십 키즈 건물 입구 　▲ 붓을 든 사도 요한의 손 조형물이 설치된 키즈 건물

▲ 교회학교 체크인 데스크 　▲ 초등 1~4학년 예배 모습

▲ 실내 놀이터

또한 로비에는 아이들을 위한 실내 놀이터가 마련되어 있습니다. 실내에 놀이터를 마련한 것은 플로리다주의 후덥지근한 기후를 고려했기 때문입니다. 적도와 가까운 이 지역에서는 야외 놀이터에서 오랜 시간 뛰어노는 것이 불가능합니다. 크라이스트펠로우십교회는 지역 사회에 실내 놀이터가 부족하다는 것을 알고 지역 사회의 필요를 채우기 위해 실내 놀이터를 만들었다고 합니다. 이 놀이터는 주일에 크라이스트펠로우십 키즈 아이들을 위한 놀이 공간이 됩니다. 아이들은 놀이터에서 예배 전후로 즐거운 시간을 보냅니다.

방문한 날에도 많은 아이들이 놀이터에서 신나게 뛰노는 모습을 볼 수 있었습니다.

크라이스트펠로우십교회에서 교회학교를 섬기는 트레이시 로빈슨 목사님은 어린이 예배 공간에 대해 다음과 같이 말합니다.

> "우리는 아이들에게 매력적인 환경을 조성하기 위해 노력했고, 그 결과 어린이 건물인 '하나님의 도시'를 만들게 되었습니다. 우리는 아이들이 예수 그리스도의 사랑과 복음을 배우는 동안 믿음과 가족의 따뜻함, 그리고 즐거움이 넘치는 환경을 조성하고자 합니다. 성경 주제를 가진 건물의 외관은 경외감을 불러일으키며 아이들이 성경 인물에 대해 더 많이 배울 수 있는 기회를 제공합니다. 그런 점에서 이곳은 공원과 미끄럼틀의 미학부터 연령별 그룹의 필요에 맞게 설계된 교실의 독특함까지 많은 의도가 담겨 있습니다."

크라이스트펠로우십교회는 아이들이 교회에 대해 긍정적인 인상을 가질 수 있도록 눈높이에 맞춘 매력적인 환경을 조성했습니다. 이러한 환경은 아이들이 교회를 지루하고 재미없는 곳이 아니라 즐거운 곳으로 경험하게 하며, 성경 이야기를 나와 동떨어진 먼 이야기가 아니라 지금 여기에서 일어나는 이야기로 받아들이게 합니다. 그 결과 아이들은 성경 이야기에 보다 친숙해지고 성경 속 인물들과 친밀한 교제를 나누게 됩니다.

### 기독교 교육의 요소 : 교육의 장

기독교 교육은 전통적으로 교육의 세 가지 요소인 교사, 학생, 내용을 강조했지만, 최근에는 교육 공간과 환경을 네 번째 요소로 보는 경향이 커지고 있습니다. '로리스 말라구찌'Loris Malaguzzi에 의해 시작된 '레지오 에밀리아 교육법'은 환경을 제3의 교사로 보며, 교실 배치, 교구나 자료의 위치, 채광과 색채, 전시 방식까지 세심히 기획해 아이들이 스스로 발견하고 탐구하도록 합니다. '마리아 몬테소리'Maria Montessori 역시 아이의 자발적 성장을 돕는 구조화된 배움의 장으로 환경을 강조했습니다. 정돈된 환경과 일관된 교구 배치는 아이들이 질서와 책임감을 배우는 데 큰 영향을 줍니다.

신앙교육도 마찬가지입니다. 아이들의 예배 참여는 환경에 크게 좌우됩니다. 크라이스트펠로우십교회가 아이들을 위한 테마파크형 예배 공간을 마련한 것도, 환경이 아이들을 예배자로 세우는 데 중요한 역할을 한다는 사실을 인식했기 때문입니다. 이처럼 교육 공간은 아이들의 감각과 정서를 자극하여 배움과 신앙 형성에 직접적인 영향을 주는 중요한 요소입니다.

### 교회 사랑 주일

제가 방문한 주일에는 크라이스트펠로우십교회의 중요한 행사가 있었습니다. 이 행사는 영어로 'Heart for the House'였는데, 번역하

▲ 교회 사랑 주일 안내 부스

면 '교회 사랑 주일'입니다. 교회 곳곳에 이를 알리는 전단과 부스가 세워져 있었습니다. 크라이스트펠로우십교회에서는 성도들이 매년 이 주제로 한 달 동안 예배를 드리며 본 교회에 대한 사랑과 헌신을 재확인합니다. 이 행사를 매년 갖는 이유는 성도들이 이웃사랑을 실천하고 세상을 섬기기 위해 먼저 자기 자신과 본 교회를 소중히 여기는 마음이 필요하다고 보았기 때문입

▲ 교회 사랑 주일 안내문

니다. 트레이시 로렌스 목사님은 '교회 사랑 주일'에 관해 다음과 같이 말합니다.

> "하나님이 주신 비전으로 교회를 전진시키기 위해 매년 한 번씩 '교회 사랑 주일' 헌금을 드리는데, 성도들은 희생하는 마음으로 일반적인 헌금 이상을 드립니다. 정해진 금액은 없고, 중요한 것은 헌금의 액수가 아닌 희생의 크기입니다. 이 헌금은 교회가 비전을 주도하고 새로운 영역을 개척하는 데 도움이 됩니다. 새로운 사역과 캠퍼스 위치를 확립하여 더 많은 사람들이 하나님을 만나고 예수님을 따를 수 있는 기반을 마련하기 위함입니다. 또 성도들에게 교회가 주말에 한 번 들렀다 가는 곳이 아니라 삶의 모든 영역에서 함께 호흡하고 신앙의 뿌리를 내리는 신앙공동체임을 상기시켜 줍니다."

이 기간에는 교회학교도 동일한 주제로 예배를 드리며 본 교회를 향한 사랑의 마음을 새기게 됩니다. 또한 이때 아이들도 교회를 위한 특별헌금 시간을 갖는데, 이 헌금은 교회의 시설을 보완하는 등 온전히 교회를 위해 쓰인다고 합니다. 어린이 담당 목사님이 아이들에게 교회를 위한 헌금의 의미를 설명하고 헌금에 동참할 수 있도록 교육합니다. 제가 방문한 날에는 가정에서 실천할 수 있도록 미션이 담긴 유인물과 조립 헌금함을 나누어 주었습니다.

무엇보다 이러한 경험은 다음세대에게 꼭 필요한 교육입니다. 다음세대가 교회를 아끼고 사랑하는 마음을 배우며 자라는 모습이야말로 건강한 교회를 세워 가는 밑거름이 될 것입니다.

### 봉사 중심의 참여형 여름 캠프

크라이스트펠로우십교회 청소년부CF Students의 여름 캠프는 특별합니다. 일반 교회의 청소년 여름 캠프 같은 수련회 위주의 캠프가 아니라 지역 사회 봉사를 하는 여름 캠프입니다. 크라이스트펠로우십교회 청소년부는 정체성의 혼란을 겪고 있는 청소년들에게 강력한 공동체를 연결해 주고, 그 안에서 하나님이 주신 정체성과 목적을 발견하도록 돕는 비전을 가지고 있습니다. 이를 위해 교회는 여름 캠프 콘셉트를 기존 수련회 형식에서 봉사 중심의 참여형 캠프로 바꿨습니다.

봉사 중심의 참여형 캠프는 청소년들이 섬김의 현장을 직접 체험하며 예수 그리스도의 사랑을 느끼게 합니다. 오전에는 예배를 드리고 오후에는 마을 청소, 독거노인 가정 방문, 노숙인 사역, 길거리 전도 등 다양한 봉사활동 프로그램에 참여해 공동체의 가치와 섬김을 배우게 됩니다.

미국 플로리다주는 고온 다습한 기후로 인해 매년 허리케인이 발생하며 반복적으로 큰 피해를 입는 지역입니다. 특히 2024년 9월에 발생한 '허리케인 헐린'은 시속 200km 이상의 강풍과 6m가 넘는 해일을 동반하며 광범위한 피해를 주어 많은 주택이 파괴되고 수많은 이재민이 발생했습니다. 그때 크라이스트펠로우십교회는 발 빠르게 구호 사역을 펼쳤습니다. 이러한 신속한 대응이 가능했던 것은, 교회가 평소 이 지역이 자연재해에 취약하다는 점을 인식하고 체계적인 구호 시스템을 미리 구축해 두었기 때문입니다. 교회는 비상식량과 긴급 물품을 보관하는 별도의 창고를 운영하여, 재난이 발생하면 즉시 피해 지역에 구호 물품을 전달하고 실질적인 지원을 제공할 수 있도록 준비해 왔습니다.

특히 인상적인 점은 크라이스트펠로우십교회 청소년부 학생들이 이러한 구호 활동에 적극 동참한다는 것입니다. 청소년들에게 예배와 교육을 넘어 실제적인 섬김의 기회를 제공함으로써 그들이 삶에서 신앙을 실천할 수 있도록 돕는다는 점이 감명 깊었습니다.

크라이스트펠로우십교회의 사례는 교회가 단순한 예배 공간이 아니라 지역 사회의 필요를 채우는 중심적인 역할을 할 수 있음을 보여줍니다. 재난을 대비한 체계적인 준비, 긴급 상황 발생 시 즉각적인 대응 능력, 그리고 청소년들의 구호 활동 참여로 교회는 더 이상 세상과 동떨어진 공간이 아니라 하나님의 사랑이 흘러가는 생명의 공동체로 자리 잡고 있습니다. 크라이스트펠로우십교회의 사례는 이 시대에 교회가 어떤 방향으로 나아가야 하는지 중요한 메시지를 전하고 있습니다. 이제 우리의 교회도 지역 사회를 섬기고 필요를 채우기 위한 적극적인 실천을 고민해 볼 때입니다.

### 테마형 디자인을 가진 또 다른 미국 교회들

크라이스트펠로우십교회 외에도 교회학교 건물과 시설이 기억에 남는 교회가 있습니다. 어린이부의 경우 베이사이드커뮤니티교회 Bayside Community Church 와 게이트웨이교회 Gateway Church 의 시설이 특별히 기억에 남습니다.

6장에서 살펴볼 베이사이드커뮤니티교회는 크라이스트펠로우십교회와 같은 플로리다주에 위치한 교회입니다. 이 교회는 아이들을 위한 놀이 시설을 어린이 예배당 입구에 만들었습니다. 아이들이 예배 시작 전에 예배당 앞에서 즐겁게 뛰어놀 수 있게 배려하기 위함입니다. 베이사이드커뮤니티교회 교회학교 어린이들은 예배 시작 전에 예배당 출입이 불가능합니다. 그 대신 예배당 입구에 있는 놀이터에서 다양한 놀이를 즐기다가 예배 카운트가 시작되면 일제히 예배당으로 들어가게 됩니다.

9장에서 살펴볼 게이트웨이교회는 아이들의 연령에 맞는 놀이 및 게임 시설을 각각의 예배 공간에 설치해 두었습니다. 이곳에는 장난감과 스포츠 시설, 게임기 등이 설치되어 있었습니다. 아이들이 예배 시간 전후로 교회 안에서 마음껏 즐거운 시간을 보낼 수 있게 한 것입니다.

청소년부의 경우에도 새들백교회, 베이사이드커뮤니티교회, 사우스이스트크리스천교회, 크로스로드교회 같은 대부분의 교회가 학생들을 위한 놀이 및 게임 시설을 갖추고 있었습니다.

▲ 베이사이드커뮤니티교회의 어린이 예배당 입구 놀이 시설

▲ 게이트웨이교회 어린이 예배당 안 놀이 시설

### 한국 교회 사례 ①

선한목자교회(김다위 담임목사)에서도 크라이스트펠로우십교회와 비슷한 취지의 행사인 '교회 사랑 주일'을 매년 진행하고 있습니다. 이 행사는 원래 부도 위기에 처한 교회를 살리기 위해 당시 선한목자교회의 담임목사였던 유기성 원로목사님에 의해 시작되었는데, 단순히 일회성 행사로 끝나지 않고 현재까지도 매년 지속되고 있습니다. 그 이유는 이 사역이 성도들이 속한 교회에 대한 사랑과 헌신을 재확인하는 계기가 되고, 공동체에 대한 소속감을 더욱 고취시키는 데 큰 도움을 주기 때문입니다.

선한목자교회는 교회 사랑 주일에 드려진 헌금을 교회 개척, 탈북자를 위한 대안학교, 그리고 다음세대 사역을 위해 사용합니다. 이

▲ 선한목자교회의 교회 사랑 주일

행사는 교회 재정 마련을 넘어 공동체가 함께 신앙적 비전을 나누고 실천하는 장이 되고 있습니다. 성도들은 이 시간을 통해 교회를 향한 사랑을 주님께 올려 드리고, 더 큰 희생과 결단으로 교회를 위해 기도합니다.

### 한국 교회 사례 ②

교육 환경의 중요성은 누구나 공감할 것입니다. 현재 공교육은 학생들이 과거와 비교할 수 없을 정도로 현대적이고 체계적으로 설계된 공간에서, 디지털 장비의 도움을 받아 교육받고 있습니다. 하지만 이러한 변화 속에서 교회학교 교육 환경은 공교육 현장에 크게 미치지 못하는 경우가 많습니다.

다행히 최근에는 신앙교육에서도 환경의 중요성을 인식하고 다음 세대를 위한 시설에 적극적으로 투자하는 교회들이 점점 늘어나고 있습니다. 예를 들어 안산동산교회(김성겸 담임목사)는 기존의 체육관을 리모델링하여 어린아이들이 뛰어놀 수 있는 실내 놀이터로 만들었고, 인천 주안장로교회(주승중 담임목사)는 교육부 예배 공간 전체를 아이들의 눈높이에 맞게 새롭게 리모델링했습니다. 도림교회(정명철 담임목사)는 교회 건축과 교회학교 리모델링을 앞두고 담임목사와 당회원들이 직접 미국의 새들백교회와 매리너스교회를 탐방하여 연령별 테마 디자인을 반영한 교회학교 예배 공간으로 리모델링을

▲ 안산동산교회 실내 놀이터

▲ 도림교회 교회학교 복도

진행했습니다.

　여기에서 한 가지 짚고 넘어갈 부분은 예배 공간이나 시설의 외형적인 면에만 집중해서는 안 된다는 점입니다. 외형은 본질적인 의미를 담아낼 때, 그 가치가 더욱 빛날 수 있습니다. 실제로 제가 방문한 모든 미국 교회가 어린이 예배 시설을 테마파크처럼 웅장하고 화려하게 조성한 것은 아니었습니다. 3장에서 살펴볼 하이랜드교회와 애틀랜타에 있는 빅토리교회는 어린이 예배 시설을 심플한 디자인으로 조성했습니다. 벽면에 밝고 자연친화적인 시트지를 붙이는 것이 전부였습니다. 어바인에 있는 매리너스교회 역시 과거에는 아쿠아리움 형태의 테마형 예배당이었지만 현재는 테마 예배당을 철거하고 심플한 디자인으로 리모델링을 진행했습니다.

　테마형 디자인은 화려하지만 유지하고 변경하기가 어렵고 비용도 많이 들어갑니다. 반면에 시트지, 현수막, 조명 등을 활용한 단순 디자인은 주제와 시즌에 따라 큰 비용을 쓰지 않고 손쉽게 변화를 줄 수 있다는 장점이 있습니다.

　이러한 사례들은 교회 인테리어는 고급스러운 투자만이 답이라는 기존의 고정관념에서 벗어나게 해 줍니다. 오히려 교회의 본질적인 목적에 충실하면서도, 변화하는 시대에 능동적으로 대응할 수 있는 '유연한 교회 공간'의 중요성을 다시 한번 깨닫게 합니다.

**나눔질문**

1. 크라이스트펠로우십교회는 교육 환경을 신앙교육의 중요한 요소로 삼아 아이들에게 성경적 의미를 담은 테마파크형 예배 공간을 제공했습니다. 우리 교회학교의 교육 환경은 아이들에게 어떤 영향을 미치고 있다고 생각하나요? 이를 개선하거나 활용할 방법은 무엇일까요?

2. 크라이스트펠로우십 키즈 건물인 '하나님의 도시'는 성경 인물과 이야기를 아이들이 쉽게 이해하고 친숙하게 느낄 수 있도록 성경 이야기를 담은 창의적인 디자인을 적용했습니다. 성경 이야기를 아이들의 눈높이에 맞게 전달하기 위한 창의적인 방법에는 무엇이 있을까요?

3. 크라이스트펠로우십교회는 지역 사회에서 필요했던 실내 놀이터를 어린이 건물 로비에 만들었습니다. 우리 교회가 지역 사회의 필요를 채우며 교회 공간을 보다 더 개방적이고 친근한 장소로 만들기 위해 실천할 수 있는 일은 무엇일까요?

4. 최근 교육 환경이 아이들의 예배 참여와 신앙성장에 큰 영향을 미친다는 점이 강조되고 있습니다. 우리 교회학교의 환경은 아이들의 예배 참여와 신앙성장에 어떤 영향을 주고 있을까요? 더 나은 환경을 제공하기 위한 실제적인 대안은 무엇일까요?

**3장**

# 아기 기저귀를 갈 때 읽는 기도문이 궁금해요!

하이랜드교회
Church of the Highlands

## 하이랜드교회(Church of the Highlands)

웹사이트: churchofthehighlands.com
주소: 3660 Grandview Pkwy, Birmingham, AL
담임목사: 크리스 호지스(Chris Hodges)
교단: 초교파
설립: 2001년
주일 평균 출석: 약 60,000명

**젊은 부모를 위한 배려**

한 생명의 탄생은 신비로움 그 자체입니다. 갓 태어난 아이가 건강하게 자라나기 위해서는 부모의 헌신적인 돌봄이 매우 중요합니다. 그러나 이 과정이 항상 순탄한 것만은 아닙니다. 그러기에 육아에 지친 젊은 부모를 위한 고민과 배려가 교회에도 필요합니다. 교회는 아이를 키우는 젊은 부부들에게 더 많은 격려와 지지를 보내야 합니다. 예배 시간을 통해 육아에 대한 부담을 함께 나누고, 그들에게 영적인 휴식과 재충전의 시간을 제공해야 합니다.

그러나 한국 교회의 현실은 어떤가요? 3040세대의 젊은 부모들이 교회를 떠나고 있습니다. 직장과 가정 사이에서 치열하게 시간을 쪼개고, 주말조차도 아이를 돌보느라 쉼 없이 달리는 삶 속에서 주일예배조차 또 다른 '과제'처럼 느껴질 때, 교회는 오히려 부담의 공간이 되고 맙니다.

그러므로 이 시대에 교회가 해야 할 가장 중요한 사역은 이들에게 '쉼'이 되는 공간이 되어 주는 일입니다. 예배 중 아이를 안전하게 맡길 수 있는 돌봄 환경, 육아로 지친 마음을 다독이는 따뜻한 말 한마디, 그리고 "당신의 자녀도 우리 공동체의 소중한 일원입니다."라는 신뢰와 격려가 담긴 환대가 절실합니다.

미국 교회에는 젊은 부부들이 예배에 집중할 수 있도록 돕는 탁아부가 있습니다. 보통 우리나라에는 아이를 둔 부모가 자모실이나 영아부에서 자녀와 함께 예배드리는 경우가 대부분인데, 미국 교회는 탁아부와 자모실을 각각 따로 만들어서 부모가 선택할 수 있도록 돕습니다. 특별히 제가 방문한 미국 교회 가운데 탁아부 시스템을 잘 갖춘 교회가 있었습니다. 바로 앨라배마주 버밍엄에 위치한 하이랜드교회 Church of the Highlands 입니다.

## 하이랜드교회에 가다

하이랜드교회는 미국에서 가장 빠르게 성장하는 교회입니다. 사실 미국에 오기 전까지는 이름을 들어본 적이 없었는데, 미국 교회를 탐방하면서 하이랜드교회가 미국에서 가장 빠르게 성장하여 현재는 두 번째로 큰 교회라는 사실을 알게 되었습니다. 양적인 성장을 차치하더라도 하이랜드교회는 앞으로 우리가 주목해야 할 미국 교회 가

▲ 하이랜드교회 본당 전경

운데 하나임에 틀림없습니다.

　하이랜드교회는 크리스 호지스 Chris Hodges 목사님이 세운 교회로 앨라배마주 전역에 26개의 캠퍼스를 둔 초교파 멀티사이트 교회입니다. 저는 주일예배와 교회학교 참관을 원했지만 안전상의 이유로 참관할 수 없었고, 대신 평일에 하이랜드교회의 그랜드뷰 캠퍼스를 방문했습니다. 이곳에는 하이랜드교회가 운영하는 하이랜드대학교가 있습니다. 저는 하이랜드 지원부를 담당하는 마이클 바이어스 Michael Byars 와 하이랜드 키즈를 담당하는 조슈아 먼리 Joshua Manley 목사님을 만났습니다.

하이랜드교회 그랜드뷰 캠퍼스는 넓은 잔디 마당과 깔끔하고 깨끗한 현대식 교회 건물을 갖추고 있었는데, 26개 캠퍼스에서 영아부터 초등학교 5학년까지 아이만 무려 8,000여 명이 출석한다고 합니다.

### 미국 교회 탁아부 시스템

앞서 언급했던 것처럼 많은 미국 교회가 아기를 둔 부모를 위해 탁아부Nursery를 운영합니다. 미국의 탁아부는 부모와 함께 예배드리는 것이 아닌 위탁의 개념을 가지고 있습니다. 아기를 둔 부모들은 자녀를 탁아부에 맡기고 본당 성인예배에 참석하게 됩니다. 보통 탁아부는 아기를 키워 본 경험이 있는 어머니 자원봉사자들에 의해 운영되고, 교사가 1:1로 아이들을 정성껏 돌봅니다. 제가 방문한 거의 모든 미국 교회에 이러한 탁아부가 운영되고 있었습니다. 탁아부 시설 안에는 아기를 돌보기 위한 다양한 유아용품이 구비되어 있었습니다.

### 하이랜드교회 탁아부 운영 방침

하이랜드교회는 안전하게 탁아부가 운영되도록 아기 돌봄을 위한 구체적인 운영 방침을 마련하고 있습니다. 이는 단순히 아기를 돌보는 보육 서비스를 넘어 말씀과 사랑으로 양육하기 위함입니다. 이를테면 하이랜드교회 탁아부의 기저귀 교환대에는 아기 기저귀를 갈 때

▲ 교회학교 체크인 데스크

▲ 탁아부 예배당

▲ 3~4세 유아부 예배당

▲ 유치부 예배당

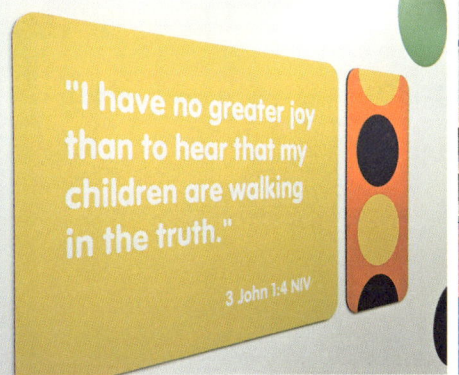
▲ 깔끔한 벽 디자인

▲ 정돈된 예배 공간

3장. 아기 기저귀를 갈 때 읽는 기도문이 궁금해요!

자원봉사자가 읽을 수 있는 기도문이 붙어 있습니다. 자원봉사자들은 이 기도문을 읽으면서 아기 기저귀를 갈게 됩니다. 이러한 노력 덕분에 탁아부에서는 아기들의 신체적 돌봄뿐만 아니라 정서적 돌봄과 신앙적 돌봄이 동시에 진행됩니다.

탁아부에는 특히 기저귀를 갈 때 필요한 세부 규정을 아래와 같이 마련해 두고 있습니다.

**※ 기저귀 교환 규정**
1. 여성 자원봉사자만 기저귀를 갈 수 있습니다.
2. 16세 미만의 자원봉사자는 기저귀를 갈 수 없습니다.
3. 기저귀 교환은 기저귀 교환대 위에서 해야 합니다.
4. 기저귀 교환은 예배 종료 20분 전에 시작해야 합니다.

**※ 올바른 기저귀 교환 방법**
1. 아기를 들어 올려 기저귀 교환대에 눕히기 전, 먼저 파란색 패드를 깔고 양손에 장갑을 낍니다.
2. 기저귀를 갈 때는 기저귀 교환대에 있는 버클과 스트랩을 이용해 아기를 기저귀 교환대에 고정합니다.
3. 아기의 안전을 위해 항상 한 손을 아기에게 얹어 둡니다.
4. 아기를 기저귀 교환대에 서 있게 하지 마십시오. 아기를 세워야 하는 경우, 아기를 바닥에 내려놓아야 합니다.

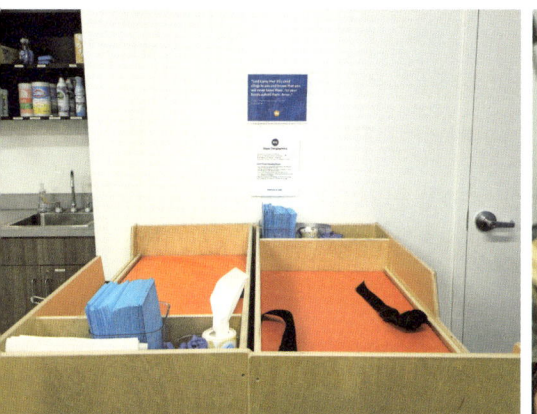

▲ 아기 기저귀 교환대　　　　　　　　▲ 아기 돌봄 카드

5. 기저귀를 가는 아기마다 새로운 장갑과 패드를 사용합니다.
6. 기저귀 갈이를 마친 아기의 등에 '사랑으로 변화' 스티커를 붙여 주세요.

기저귀 교환 시스템은 탁아부에만 한정되지 않습니다. 상위 부서에도 발달 속도가 느린 아이가 있을 수 있기 때문입니다. 그래서 하이랜드교회에서는 3~4세 유아부 예배당에도 기저귀를 갈 수 있는 침대를 비치해 두었으며, 기저귀를 갈면서 아이에게 하는 축복의 멘트를 준비해 두었습니다. 이러한 작은 배려는 부모에게 교회가 자녀들을 안전하고 정성껏 돌보고 있다는 신뢰와 믿음을 주게 됩니다.

### 아기 기저귀를 갈면서 읽는 기도문

앞서 언급했듯이 탁아부에는 각 방마다 아기 기저귀를 갈 수 있는 기저귀 교환대와 더불어 기저귀를 갈면서 아기에게 하는 축복의 기도문이 붙어 있습니다. 시편 63장 8절 말씀을 근거로 한 기도문의 내용은 다음과 같습니다.

> "Lord I pray that this child clings to you and knows that you will never leave them. For your hands uphold them. Amen."
>
> "주님, 이 아이가 당신께 꼭 붙어 있기를 기도합니다. 주님은 결코 그들을 떠나지 않으심을 알게 해 주세요. 주님의 손이 그들을 붙드시기 때문입니다. 아멘."

자원봉사자들은 아기 기저귀를 갈면서 이 기도문을 읽습니다. 기도문은 짧지만 강력한 메시지를 담고 있습니다. 자원봉사자들은 기도문을 읽으며 자신이 돌보고 있는 아기들을 향해 주님의 보호와 돌봄을 간구하게 되고, 아기들은 끊임없이 이 기도문을 들으며 자라게 됩니다. 조슈아 먼리 목사님은 이와 관련하여 다음과 같이 말합니다.

> "우리는 교사를 훈련하여 단순한 보육이 아니라 섬김의 사역을 실천하려고 합니다. 그래서 아기들이 교사가 말하는 내용을 알아듣거나

이해하지 못하더라도 우리는 아기들을 섬기려고 합니다. 아기 기저귀를 가는 동안 이 기도문을 읽는 것도 한 가지 방법입니다."

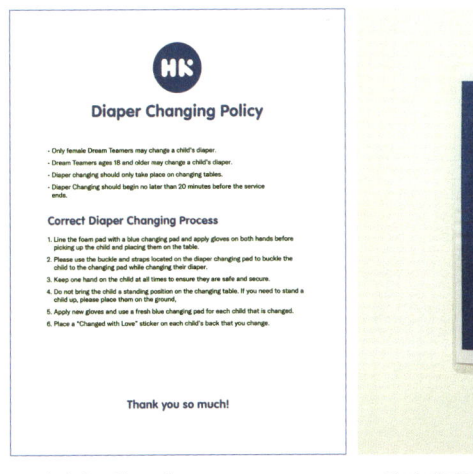

▲ 기저귀 교환 규정

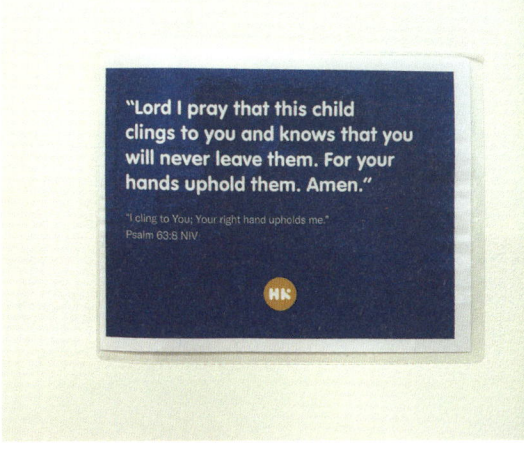

▲ 아기 기저귀를 갈면서 읽는 기도문

## 아이의 건강과 안전에 관한 규정

하이랜드교회는 아이의 건강과 안전을 매우 중요하게 생각합니다. 이를 위해 건강에 관한 규정을 따로 만들었고, 자원봉사자들은 이 규정에 따라 예배 시간에 아이들의 건강을 세심하게 챙깁니다. 예컨대 부모에게 주일 간식의 성분을 사전에 미리 알려 주고 음식에 따른 알레르기 위험성을 공지합니다. 또한 예배 도중 아이들에게 문제가 생겼을 때 신속하게 부모에게 연락하여 인계할 수 있도록 비상 연락 체계를 갖추고 있습니다. 체크인 시스템을 통해 부여받은 고유 번

호를 본당 화면에 띄워 부모가 상황을 확인하고 자녀에게 곧바로 갈 수 있게 한 것도 특징입니다. 이러한 시스템은 하이랜드교회를 비롯하여 많은 미국 교회가 아이들의 안전과 건강에 큰 관심을 두고 있음을 보여 주는 좋은 사례입니다.

특히 하이랜드교회는 기저귀 교환대 말고도 기저귀 교환용 침대가 있는데, 여기에는 바퀴를 설치했습니다. 이는 아이에게 긴급한 상황이 발생했을 때, 침대를 의료용 침대로 활용하여 신속하게 병원에 이송하기 위함입니다. 사실 이런 일은 평생에 한 번 일어나기도 힘든 긴급 상황이지만 혹시 모를 상황에 대비한 것입니다.

하이랜드교회뿐만 아니라 다른 미국 교회에서도 아이들을 위한 섬세한 돌봄 규정을 마련해 둔 것을 확인할 수 있었습니다. 게이트교회는 탁아부에서 아기들의 기저귀 상태를 확인하고 교체 상황을 볼 수 있도록 스티커로 안내하고, 프레스톤우드교회는 미취학 아동 전용 빨래실을 운영하고 여벌옷을 비치하는 등 세심한 배려를 하고 있었습니다.

## 마음이 상한 아이를 위한 정서적 배려

하이랜드교회는 아이들의 정서적 돌봄에도 세심한 주의를 기울이고 있습니다. 예를 들어 우는 아이와 마음이 상한 아이, 또는 예배에 집중하기 어려운 아이들을 위해 복도에 장난감 자동차를 준비해 둡

▲ 응급 상황에 대비한 바퀴 달린 침대

▲ 견과류 알레르기 규정

▲ 건강 규정

▲ 장난감 자동차

▲ 어린이 전용 화장실

니다. 예배 분위기를 흩트리거나 방해하는 아이들을 혼내기보다는 놀이와 교감을 통해 아이들의 마음을 풀어 주는 것입니다.

    교회학교 교사는 자원봉사로 이루어지는 섬김의 일환으로 교육의 비전문성을 가지고 있는 경우가 대부분입니다. 그런 점에서 교회가 아이들의 정서적·심리적 부분까지 보완하기 위해 시스템과 인프라에 세심하게 신경을 쓰는 모습은 분명 본받을 만하다고 생각합니다. "바퀴가 달린 장난감 자동차와 비눗방울 놀이가 아이들의 마음을 금세 진정시킨다."는 죠슈아 먼리 목사님의 말 속에서 아이들의 정서적인 면을 다치지 않게 하려는 노력을 엿볼 수 있었습니다.

### 발달장애가 있는 아이를 위한 심리치료실

하이랜드교회는 장애인부를 따로 운영하지 않습니다. 장애가 있는 아이들도 장애가 없는 아이들과 함께 예배를 드립니다. 모든 아이가 동등한 하나님의 자녀임을 알고, 서로를 이해하고 배려하는 법을 자연스럽게 터득하고 배우도록 교육하기 위함입니다.

장애가 있는 아이와 장애가 없는 아이가 함께 학습하는 '통합교육'은 20세기 후반에 등장한 교육 패러다임입니다. 하이랜드교회는 이러한 시대적 흐름 속에서 발달장애가 있는 아이와 장애가 없는 아이가 함께 하는 통합예배의 모델을 준비했습니다. (단, 소그룹은 별도로 진행합니다.) 이를 위해 교회는 발달장애가 있는 아이의 분노를 조절하고 정서적 안정을 돕기 위한 별도의 심리치료실을 마련하여 운영하고 있습니다. 이 시설에는 일반적인 사설 심리발달센터보다 더 넓고 다양한 치료 기구가 준비되어 있고, 예배에 집중하지 못하거나 정서적으로 불안정한 발달장애 아이들에게 도움을 줄 수 있는 장치도 마련되어 있습니다. 예배에 집중하지 못할 때에는 이곳에서 안정을 취한 후 다시 예배당으로 이동하게 됩니다.

이는 단순한 배려를 넘어 부모가 안심하고 신앙생활에 집중하도록 돕는 것입니다. 전도가 어려운 시기에 이러한 세심한 배려가 하이랜드교회의 괄목할 만한 성장으로 이어졌으리라 조심스레 짐작해 봅니다.

사실 발달장애가 있는 아이들과 장애가 없는 아이들이 함께 예배

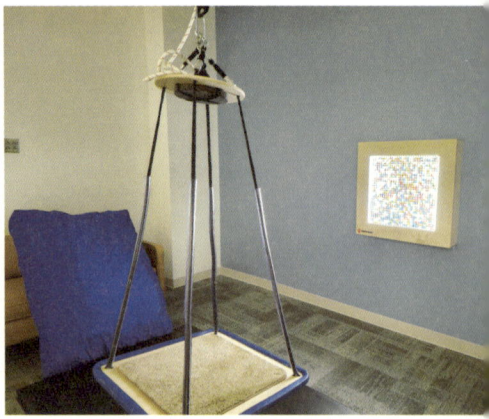

▲ 발달장애가 있는 아이를 위한 심리치료실

를 드리는 것은 쉬운 일이 아닙니다. 사회적 편견이나 시선의 변화와 제도적 장치가 뒷받침되지 않으면 형식적인 모습에 그칠 가능성이 큽니다. 그럼에도 불구하고 하이랜드교회가 한국 교회에 시사하는 점은 장애인을 위한 시설 투자라고 생각합니다. 물론 한국에서도 장애인부를 운영하는 교회가 있습니다. 그러나 그 시설은 대부분 열악합니다.

　만약 교회가 장애인 사역에 관심이 있고 그들의 예배를 돕고자 한다면 하이랜드교회처럼 치료 기구나 교보재를 갖출 수 있도록 세심한 지원과 투자가 필요합니다. 나아가 더 넓고 쾌적한 예배 환경을 제공해야 합니다.

### 한국 교회 사례 ①

한국 교회에서는 부모 없이 아기만 탁아부에 맡기는 것이 익숙하지 않습니다. 그래서 한국 교회의 영아부 예배는 대부분 산만한 경우가 많습니다. 예배가 진행되는 동안 부모는 아이를 돌보느라 예배에 집중하기 힘든 상황이 자주 발생합니다.

그런데 우리나라에도 탁아부 시스템을 운영하는 교회가 있습니다. 청암교회(이정현 담임목사)는 기존에 운영하던 영아부를 대신하여 '하이 베이비'라는 이름으로 탁아부를 만들었습니다. 이정현 목사님은 미국에서 유학하며 미국 교회 탁아부 시스템이 가진 장점을 경험했습니다. 그리고 청암교회 담임목사로 부임하면서 젊은 부모를 위해 탁아부가 필요하다는 사실을 발견했습니다. 그래서 아이를 양육한 경험이 있는 성도들로 자원봉사팀을 구성하여 탁아부를 만들었습니다. 이를 통해 청암교회는 부모들이 예배 시간 동안 마음 놓고 자녀를 맡길 수 있는 환경을 갖추게 되었습니다.

탁아부 시스템은 부모가 온전히 예배에 집중할 수 있도록 돕는 효과적인 대안이 될 수 있습니다. 탁아부 운영을 계획하는 교회라면, 앞서 살펴본 하이랜드교회에서 운영하는 것처럼 체계적인 관리 시스템을 도입하는 것도 좋은 방법이 될 것입니다.

무엇보다 단순한 탁아 개념이 아니라 하나님이 보내 주신 한 생명의 소중함을 깨닫고 말씀과 사랑으로 정성껏 돌볼 수 있는 환경을 조성하는 것이 중요합니다. 이러한 환경이 갖추어진다면 부모도 안심

▲ 청암교회의 '하이 베이비' 탁아부

하고 자녀를 맡기고 예배에 집중하여 영적 공급을 원활하게 받을 수 있고, 탁아부를 섬기는 자원봉사자들도 보람 있는 섬김을 통해 하나님의 사랑을 더욱 깊이 경험할 수 있을 것입니다. 한국 교회 안에 탁아부 시스템이 정착된다면 부모세대와 다음세대를 함께 세워 가는 데 새로운 교회 문화가 형성될 수 있을 것이라 기대해 봅니다.

### 한국 교회 사례 ②

우리나라에 등록된 장애인 인구는 전체 인구의 약 5%인 200만 명 가량입니다. 한국 사회 곳곳에서는 장애인에 대한 인식과 정책이 조금씩 개선되고 있지만, 정작 교회는 그 흐름에서 한 발짝 뒤처진 모습입니다. 장애인 인구가 결코 적지 않음에도 불구하고, 그들의 신앙적 필요를 고민하고 실제적인 사역으로 연결하려는 시도는 매우 제한적입니다.

사실 한국에도 장애인과 비장애인의 통합 공동체를 꿈꾸며 실천하는 교회가 있습니다. 경기도 성남시에 위치한 주신교회(황성재 담임목사)입니다. 황성재 목사님은 후천성 발달장애를 지닌 자녀를 둔 부모로서, 누구보다 발달장애인의 삶과 어려움에 깊은 공감을 가지고 있습니다.

기존의 전통적인 교회 구조 안에서 사역하며 한계를 경험한 황 목사님은 발달장애 아동을 둔 아버지의 입장에서 장애인과 비장애인이 함께 예배하고 삶을 나눌 수 있는 공동체의 필요성을 절감하게 되었습니다. 그래서 발달장애인을 위한 '발달심리센터'를 설립하는 한편, 그 공간에서 장애인과 비장애인이 함께하는 '주신교회'를 개척하게 되었습니다.

주신교회는 주중에는 아임히얼 발달심리센터로, 주일에는 예배 공간으로 사용되는 복합 공간입니다. 이곳에는 발달장애인을 위한 심리치료 및 정서적 안정을 위한 다양한 시설이 갖추어져 있으며, 이러한 시설은 발달장애인들의 신체적·정서적 건강까지도 관심을 가지고 돌보는 기회를 제공합니다.

하지만 현실은 녹록지 않습니다. 장애인들과 함께 예배하는 것은 여전히 쉽지 않습니다. 그 이유는 비장애인이 이곳을 장애인을 위한 공간으로 여기고 있기 때문입니다. 이는 장애인에 대한 사회적 인식 부족과 편견이 여전히 존재함을 보여 줍니다. 주신교회와 같은 '통합 예배'와 '통합 교육'의 모델이 한국 사회와 교회에 뿌리내리기 위해서는, 무엇보다도 장애인에 대한 인식 개선이 반드시 필요합니다.

이제는 편견과 동정의 시선이 아니라 '동등한 하나님의 자녀'로서 함께 걸어가는 인식의 전환이 필요합니다. 물론 미국 하이랜드교회처럼 지금 당장 완전한 통합 교육을 실현하는 것은 쉽지 않을 수 있습니다. 그러나 장애인들의 예배 환경을 조금씩 개선하고, 주신교회와 같이 장애인과 비장애인이 함께하는 선교적 교회를 지원하며 협력하는 일은 지금도 충분히 가능합니다. 결국 그 변화의 시작은 교회의 관심과 의지에서 출발하는 것이 아닐까요?

▲ 주신교회의 아임히얼 발달심리센터

**나 눔 질 문**

1. 하이랜드교회는 기저귀를 갈며 기도문을 읽는 방식으로 신체적, 신앙적 돌봄을 동시에 실천하고 있습니다. 우리 교회학교에서도 아이들에게 하나님의 사랑과 축복을 전할 수 있는 돌봄의 방법은 무엇이 있을까요?

2. 하이랜드교회는 마음이 상하거나 정서적으로 불안정한 아이들을 위해 장난감 자동차와 비눗방울 놀이 같은 방법으로 아이들에게 다가가고 있습니다. 우리 교회학교에서도 정서적으로 어려움을 겪는 아이들에게 어떤 방법으로 다가갈 수 있을까요? 이를 위해 필요한 준비는 무엇일까요?

3. 하이랜드교회는 발달장애가 있는 아이와 장애가 없는 아이가 함께 예배드리며 서로를 이해하고 배려할 수 있는 환경을 제공하고 있습니다. 우리 교회학교가 장애인과 비장애인의 통합예배로 나아가기 위해서는 어떤 부분을 준비하고 개선해야 할까요? 또한 장애아동들과 그 가족을 배려하기 위해 추가로 필요한 지원은 무엇일까요?

4. 하이랜드교회는 부모들에게 신뢰를 주기 위해 아이들의 안전과 건강을 세심하게 챙기고 부모가 아이의 상태를 즉시 확인할 수 있는 시스템을 마련했습니다. 우리 교회학교는 부모들에게 신뢰를 주기 위해 어떤 노력을 해야 할까요?

**4장**

# 교회학교 예배 공간은 쉽게 들어갈 수 없어요!

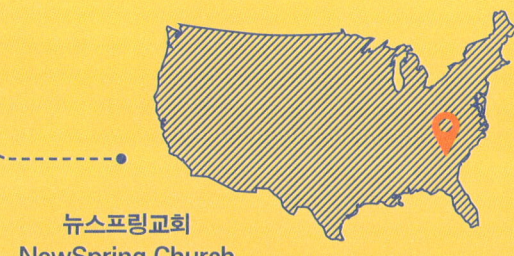

뉴스프링교회
NewSpring Church

## 뉴스프링교회(NewSpring Church)

웹사이트: newspring.cc
주소: 2940 Concord Rd, Anderson, SC
담임목사: 브래드 쿠퍼(Brad Cooper) 외 5명
교단: 초교파
설립: 2000년
주일 평균 출석: 약 10,000명

### 보안 시스템이 중요한 이유

2023년 5월, 아내와 함께 애틀랜타의 조지아 아쿠아리움을 방문했을 때 총기 사건을 접하게 되었습니다. 돌고래 공연 중 갑작스럽게 긴급 문자가 들어왔고, 인근 병원에서 총기 난사 사건이 발생해 용의자가 도주 중이라는 소식이었습니다. 많은 관람객들이 공포에 떨며 한동안 수족관을 떠나지 못했고, 몇 시간 뒤 용의자가 체포되었다는 소식에 비로소 안도할 수 있었습니다.

미국은 총기 소지가 합법이며, 2022년 총기 관련 사망자는 교통사고 사망자보다 많습니다. 이런 이유 때문인지 공공장소에는 흔히 무장 경비나 보안 검색대가 설치되어 있습니다. 총기 사고는 학교와 교회에서도 종종 발생합니다. 그래서 미국 교회에서는 경찰관이 주일에 경비 아르바이트를 하거나 자원봉사자가 보안을 담당하며 교회학교 출입을 철저히 통제합니다. 아이들의 안전이 무엇보다 중요하기 때문입니다.

저 역시 미국 교회를 방문하며 보안 문제로 예배 참관이나 영상 촬영을 여러 번 거절당했습니다. 탐방하고자 하는 미국 교회마다 예배 참관을 요청하면 거의 대부분 안전을 이유로 처음에는 거절하곤 했습니다. 충분히 설명한 후에야 대부분의 교회가 취지를 이해하고 허락해 주었습니다. 4장에서는 뉴스프링교회NewSpring Church를 사례로, 미국 교회의 체크인 및 보안 시스템을 살펴보고자 합니다.

## 뉴스프링교회에 가다

뉴스프링교회가 있는 사우스캐롤라이나주 앤더슨은 고풍스러운 느낌의 도시입니다. 푸른 호수와 산, 그리고 맑은 하늘로 둘러싸인 아름다운 자연환경을 자랑합니다. 앤더슨에 인접한 하트웰 호수는 이 지역의 대표적인 호수로 앤더슨 주민들은 이곳에서 낚시, 요트 타기, 수영, 캠핑 등 다양한 여가 스포츠 활동을 즐깁니다. 앤더슨은 많은 은퇴자들이 살고 싶어 하는 도시로, 이곳을 방문하는 동안 따뜻하고 친절한 어르신들을 많이 만날 수 있었습니다.

뉴스프링교회는 사우스캐롤라이나주 전역에 14개의 캠퍼스를 가지고 있으며, 그중 앤더슨 캠퍼스가 메인 캠퍼스입니다. 비교적 작은 소도시인 앤더슨에 이렇게 큰 교회가 있다는 것이 신기했습니다.

▲ 주일예배 모습

▲ 교회 로비

4장. 교회학교 예배 공간은 쉽게 들어갈 수 없어요!

▲ 주일 무료 커피 나눔

뉴스프링교회는 2015~2016년 사이에 미국에서 세 번째로 큰 교회로 성장했습니다. 그러나 당시 담임목사의 불미스러운 사건 때문에 교회가 혼란에 빠졌고, 교세도 많이 줄었다고 합니다. 하지만 뉴스프링교회는 아픔의 시간을 극복하고 현재 브레드 쿠퍼 Brad Cooper 목사님을 비롯한 5명의 목회자가 역할을 나눠 공동 담임목회를 하고 있습니다. 2018년에는 교회 정관에 뉴스프링교회 담임목사를 예수 그리스도로 명시하여 언론에도 보도되었습니다. 뉴스프링교회는 다음과 같은 다섯 가지의 가치를 가지고 지역 복음화를 위해 힘쓰고 있습니다.

1. 우리는 성경을 믿고 성령의 음성을 듣습니다.
2. 우리는 말과 행동을 통해 다른 사람들에게 하나님의 사랑을 보여 줍니다.
3. 우리는 모든 사람이 하나님과 평화를 누리도록 초대하고, 이는 서로 간의 평화로 이어지며, 이를 통해 다양한 인종과 세대가 함께하는 교회를 추구합니다.
4. 우리는 모든 사람이 하나님이 누구신지, 하나님이 그들을 어떻게 창조하셨는지, 그리고 하나님이 그들을 위해 어떤 삶을 준비하셨는지 발견하도록 돕습니다.
5. 우리는 교회, 지역 사회, 나아가 전 세계 사람들과 협력하여 모든 사람이 예수님을 알도록 돕습니다.

저는 메인 캠퍼스인 앤더슨 캠퍼스에서 어린이부인 '키즈스프링' KidSpring을 섬기는 라나 Lanna 목사님을 만나 뉴스프링교회 교회학교 운영 방침에 대해 안내받았습니다. 라나 목사님은 낯선 나라에서 온 이방인 목사 부부를 따뜻하게 맞이해 주었고, 그녀의 안내에 따라 교회 곳곳을 둘러볼 수 있었습니다. 뉴스프링교회도 다른 미국 교회학교들과 마찬가지로 교회학교 운영을 위해 세심하게 준비하고 있었는데, 특히 아이들의 영적 성장과 교사와 부모의 역할, 구체적인 예배 훈련 등이 체계적으로 담겨 있는 '키즈스프링 게임 플랜' KidSpring Game Plan이라는 교회학교 운영 방침이 인상적이었습니다.

▲ 교회학교 건물 입구

▲ 교회학교 핵심 가치

### 콘텐츠를 나누는 교회

뉴스프링교회는 어린이예배 콘텐츠를 개발하여 자료를 무료로 나누는 사역을 하고 있는데, 특히 미취학 예배 콘텐츠는 미국 내에서도 상당한 영향력을 가지고 있습니다. 뉴스프링교회에서 만든 미취학 주일학교 교재는 3장에서 살펴본 하이랜드교회에서도 사용하고 있습니다. 하이랜드교회의 담당자는 뉴스프링교회의 미취학 예배 콘텐츠의 내용과 수준이 높아서 사용한다고 했습니다. 하이랜드교회가 뉴스프링교회보다 훨씬 큰 규모인데도 뉴스프링교회의 교재를 사용하는 점은 다소 의외였습니다.

대부분의 대형 교회들은 모든 교재를 자체적으로 제작합니다. 이는 각 교회의 신학적 관점과 비전에 맞는 콘텐츠를 제작하려는 열정에서 비롯된 것이지만, 현실적으로는 상당한 도전과 한계를 동반합니다. 교회의 인력과 자원은 한정적인데 모든 연령대와 주제를 아우르는 교재를 제작하다 보니 콘텐츠의 품질이 떨어질 가능성이 높아지는 것입니다. 이로 인해 '콘텐츠의 양은 많지만 질적으로 뛰어난 자료를 찾기 어렵다.'는 딜레마가 발생합니다. 이 문제는 단순히 자원 부족 때문이 아니라 각 교회가 자체적인 콘텐츠를 제작하려는 고립된 노력에서 비롯됩니다.

뉴스프링교회는 이러한 현실을 인식하고 미취학 예배 콘텐츠 제작에 집중 투자하는 전략을 선택했습니다. 전문 인력을 고용하고 충분한 재정을 투입하여 수준 높은 교재를 제작한 뒤, 이를 뉴스프링

▲ 뉴스프링 네트워크 홈페이지

네트워크 홈페이지를 통해 다른 교회에 무료로 나누는 방식으로 영향력을 확장하고 있습니다. 이로 인해 많은 교회가 뉴스프링교회의 콘텐츠를 활용하며, 이는 교회의 사역 효율성을 높이는 데 큰 도움이 되고 있습니다. 이 접근법은 뉴스프링교회 자체만의 성장을 위한 것이 아닙니다. 교회의 콘텐츠가 다른 교회들 사이에서 공유되면, 개별 교회는 콘텐츠 제작에 대한 부담을 덜고 그 에너지를 다음세대 양육과 지역 사회 사역 등 다른 영역에 집중할 수 있습니다.

오늘날 교회는 한정된 자원으로 더 많은 사역을 감당해야 하는 압박을 받고 있습니다. 하지만 뉴스프링교회의 사례는 우리가 교회의 본질적인 사명에 다시 초점을 맞추도록 도와줍니다. 콘텐츠 제작에서의 협력은 효율성을 높이는 것뿐만 아니라 교회 간 연대를 강화하여 '복음 전파'라는 공동의 목표를 이루기 위한 강력한 도구가 될 수 있습니다.

특히 다음세대를 위한 콘텐츠 제작은 고도의 전문성과 지속적인 노력이 필요한 분야입니다. 각 교회가 경쟁하듯 개별적으로 콘텐츠를 제작하기보다 각자의 강점에 집중해 협력한다면 훨씬 좋은 결과물을 만들어 낼 수 있을 것입니다. 이를 통해 교회는 더 많은 아이들에게 양질의 교육을 제공하고 그들의 신앙성장에 실질적인 도움을 줄 수 있을 것입니다. '잘할 수 있는 것에 집중하고 그것을 나눈다.'는 단순하지만 강력한 원칙이야말로 오늘날 교회가 다음세대를 위해 더욱 효과적으로 사역할 수 있는 중요한 열쇠가 아닐까요?

▲ 교회학교 예배 모습

▲ 가족 포토존

▲ 간식 안내

▲ 어린이 전용 헌금함

교회학교를 리셋하라

뉴스프링교회 어린이예배는 사전에 제작된 예배 동영상 콘텐츠를 활용합니다. 예배의 전 과정이 동영상으로 진행이 되는데, 이때 예배 진행을 돕는 인도자가 영상 찬양과 율동을 함께 하고 게임도 진행합니다. 영상 설교를 들을 때에는 중요한 포인트마다 추임새를 넣어 주는 등 온라인과 오프라인이 결합된 형태의 예배였습니다. 온라인 콘텐츠가 원활하게 진행되도록 현장의 분위기를 살리는 역할의 예배 진행자가 인상적이었습니다. 이 모든 과정은 철저한 준비와 기획이 있었기에 가능한 일이었습니다. 사전에 미리 기획하고 준비하지 않으면 나올 수 없는 자연스러운 진행이었습니다.

### 체크인 시스템

미국 교회는 보통 메인 본당 건물과 어린이 건물로 나누어져 있습니다. 어린이 건물 로비나 출입구에서는 체크인 데스크와 장비를 볼 수 있습니다. 뉴스프링교회 교회학교 역시 건물에 체크인 장비가 설치되어 있습니다. 이 장비는 교인 정보 시스템과 연동되어 있어서 교회학교 예배에 참석한 자녀와 부모의 정보가 담긴 바코드 스티커를 그 자리에서 바로 인쇄할 수 있습니다. 그러다 보니 체크인 시스템을 운영하는 교회는 방문하는 성도의 자녀 출석을 효과적으로 관리하고, 교회 내에서 일어날 수 있는 여러 안전 상황에 대해서도 발 빠르게 대처하여 부모와 소통할 수 있습니다. 뉴스프링교회에서 체크인 시스템을 맡고 있는 매튜 화이트Matthew White는 교회학교 체크인 시스템에 대해 다음과 같이 설명합니다.

> "우리는 보안상의 이유와 데이터 추적을 위해 아이들을 체크인하는 시스템을 사용합니다. 이를 통해 건물에 어떤 아이가 있는지, 누가 데려갈 수 있는지를 알 수 있습니다. 또한 주일에 정확히 몇 명의 아이들이 출석했는지 체크할 수 있습니다. 우리 아이들을 안전하게 보호하고, 우리 교회를 방문하는 아이들과 부모의 이름을 알 수 있기 때문에 우리는 체크인 시스템이 매우 만족스럽습니다."

미국 교회에서 사용하는 체크인 시스템의 운용 방법은 비교적 간단합니다. 부모가 체크인 시스템에서 자녀의 이름을 검색하고 참석할 예배(장소와 시간)를 선택한 후 인쇄를 누르면 스티커가 인쇄됩니다. 이 스티커에는 아이와 부모의 이름, 그리고 이들에 대한 정보가 담긴 바코드가 인쇄되어 있습니다. 교적 시스템에 이미 부모와 자녀의 정보가 입력되어 있기 때문입니다.

새로 교회에 오는 경우에는 홈페이지를 통해 사전 방문 예약을 할 수 있고, 예약 없이 당일에 방문한 경우에는 체크인을 돕는 스텝의 도움을 통해 정보를 입력할 수 있습니다. 누구든지 스티커를 가지고 있어야 어린이 예배 건물 안으로 입장할 수 있으며 보통 아이들은 셔츠에 스티커를 붙이고 입장하게 됩니다. 예배가 끝나고 부모가 자녀를 찾으러 갈 때도 부모는 교사에게 자녀 확인용 바코드를 보여줘야 합니다.

### 체크인 시스템의 효과

아브라함 매슬로Abraham H. Maslow는 '욕구 5단계 이론'을 통해 어린이 교육에서 안전의 중요성을 학문적으로 체계화했습니다. 그는 인간의 학습과 성장을 위해서는 기본적인 생리적 욕구와 안전 욕구가 충족되어야 한다고 보았습니다. 매슬로의 이론은 피라미드 형태로 표현되며 생리적 욕구, 안전 욕구, 사회적 욕구, 인정의 욕구, 자아실현의 욕구로 구분됩니다. 그는 하위 단계의 기본 욕구가 충족되어야 상위 단계의 욕구를 추구할 수 있다고 보았습니다.

여기서 체크인 시스템은 안전 욕구와 사회적 욕구를 충족시키는 중요한 도구가 됩니다. 이 시스템은 아이들의 안전을 보장하고 부모와 자녀 모두에게 편리함을 제공합니다. 교회학교 건물에 들어가기 위해서는 반드시 체크인 데스크를 지나야 하기 때문에 외부인의 출입을 원천적으로 차단할 수 있습니다. 또한 어린이가 교회학교에 들어가며 자신의 이름이 적힌 태그를 받으면, 자연스럽게 소속감을 느끼고 환영받고 있음을 경험하게 됩니다. 이러한 시스템 덕분에 부모들은 자녀를 교회에 안전하게 맡기고 예배에 집중할 수 있습니다.

체크인 시스템은 뉴스프링교회에만 있는 것이 아닙니다. 제가 방

▲ 교회학교 체크인 데스크 1

▲ 교회학교 체크인 데스크 2

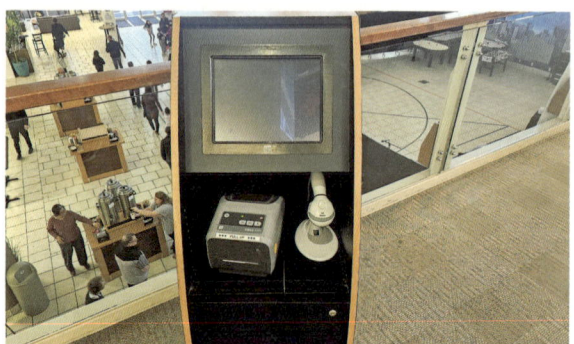

▲ 락 체크인 장비

문한 모든 교회가 공통적으로 시스템을 구축하고 있었고, 이를 전문적으로 돕는 비영리 기관도 있었습니다. 많은 교회가 사용하는 것은 무료 교회 관리 소프트웨어인 '락'Rock RMS입니다.

제가 방문한 교회들 가운데 라이프교회, 하이랜드교회, 크라이스트펠로우십교회, 사우스이스트크리스천교회, 엘씨비씨교회가 이 시스템을 사용하고 있었습니다. 이 프로그램은 학생의 안전 관리뿐만 아니라 성인 교적 프로그램과도 연결되어 있어 교회 행정을 효율적으로 지원하는 데 큰 역할을 하고 있습니다.

### 사각지대가 없는 교회학교

미국 교회는 교회학교 건물에 매우 엄격한 규정을 두고 있습니다. 예를 들어 미취학 어린이부의 경우 출입문은 상하로 구분되어 있습니다. 예배 전에는 모두 열려 있고 예배가 시작되면 아랫문은 닫고 윗문은 열어 둡니다. 이렇게 하는 이유는 예배 중에 밖에서도 안에서 어떤 일이 일어나는지 볼 수 있어야 하기 때문입니다. 대부분의 안전사고는 사각지대나 폐쇄적인 공간에서 발생합니다. 이러한 상황을 막기 위해 대부분의 미국 교회는 교회 내에 폐쇄적인 공간을 두지 않으려고 노력합니다. 이는 미국의 교육 관련 시설법이 규정하는 바이기도 합니다. 교회는 이러한 규정을 준수함으로써 신뢰성을 높이고 보다 안전한 환경을 제공하려는 노력을 하고 있습니다.

뉴스프링교회나 투엘브스톤교회는 이러한 규정을 더욱 발전시켜 교회학교 예배가 시작되면 출입문의 자동 잠금 장치가 작동하는 시스템을 구축하고 있습니다. 이 시스템은 교회학교에 외부인이 출입하는 것을 원천적으로 차단하기 위한 조치로 보안카드를 가진 교회 관계자 없이는 문을 열 수 없습니다.

뉴스프링교회 방문 당시, 잠시 교회학교 건물 외관 사진을 찍기 위해 건물 밖으로 나갔다가 문이 자동으로 잠겨 당황한 기억이 있습니다. 다행히 내부에 있던 스텝이 보안카드로 문을 열어 주어 다시 들어올 수 있었습니다. 이처럼 교회학교에 철저한 보안 시스템이 운영되는 것을 직접 체험할 수 있었습니다.

예배가 시작되면 교회학교는 분주해지고, 그 과정에서 외부인이 교회학교 건물에 출입하는 빈틈이 생길 수 있습니다. 이를 방지하기 위해 자동 잠금 시스템을 도입하여 예배 시간 동안 불필요한 출입을 차단하게 됩니다. 이는 교회 내에서 발생할 수 있는 잠재적인 위협마저 사전에 방지하려는 노력입니다.

그뿐만 아니라 소그룹마다 2~3명씩 교사를 배치합니다. 또한 교회학교 건물 안에 있는 화장실은 어린이 전용 화장실로 성인의 출입을 차단합니다. 아이들이 화장실에 갈 때에는 선생님과 아이가 함께 가야 하고, 화장실 안에는 2명 이상 들어갈 수 없는 등 다소 까다로운 규정을 두고 있습니다.

또한 미국 교회에서는 한국 교회와 달리 교회학교 교사의 자격도

▲ 상하로 구분된 출입문

▲ 출입이 차단되는 교회학교 예배 시간

4장. 교회학교 예배 공간은 쉽게 들어갈 수 없어요!

매우 엄격한 편입니다. 교사로 지원한 자원봉사자는 철저한 신원 확인 과정을 거쳐야 합니다. 교회는 지원자들의 상세한 개인 이력을 조사하는데 사설 변호사를 통해 범죄 이력까지 조회할 정도라고 하니 한국 교회와는 이질감이 큰 것 같습니다.

### 교사를 위한 배려

뉴스프링교회에서는 교사를 위한 배려도 느낄 수 있었습니다. 예를 들면 교회학교 교사들은 맞춤형 유니폼을 입고 명찰을 달고 있습니다. 교사들의 유니폼과 명찰은 안전을 중시하는 미국 교회에서 교회학교 건물에 머물 수 있는 권한을 부여해 줍니다. 우리나라에서도 교회학교 교사들의 유니폼이나 명찰을 준비하는 교회들이 있는데, 이는 교사로서의 정체성 향상과 소속감을 증진시키는 데 기여합니다.

뿐만 아니라 뉴스프링교회에서는 교사를 위한 휴게 공간을 따로 두어 음료와 다과를 준비해 둡니다. 또한 주일마다 목회자, 교회 직원, 봉사자들의 자녀를 위한 돌봄 교실을 운영하고 있습니다. 이는 주일 사역이 원활하게 이루어질 수 있도록 자녀 돌봄을 전담하는 체계적인 시스템입니다. 이 돌봄은 주일뿐 아니라 주중에도 운영되며, 이는 부부가 함께 사역하는 유급 직원 및 목회자 가정이 많은 뉴스프링교회의 특성을 고려한 배려이기도 합니다. 교회는 이들이 사역에 더욱 집중할 수 있도록 자녀 돌봄에 실질적인 지원을 아끼지 않고 있으

▲ 교사 전용 휴게 공간

▲ 교사 티셔츠

4장. 교회학교 예배 공간은 쉽게 들어갈 수 없어요!

며, 이러한 시스템은 봉사자와 사역자들이 교회 안에서 맡은 역할에 더욱 온전히 헌신할 수 있도록 돕는 중요한 기반이 되고 있습니다.

### 한국 교회를 위한 제안

요즘 우리나라 젊은 부모들은 자녀의 건강과 안전을 최우선으로 고려하는 경향이 강해지고 있습니다. 제가 이전에 섬기던 교회에 등록했던 한 학부모는 자기 자녀에게 맞는 교회를 찾기 위해 열 곳이 넘는 교회를 방문하며 비교했다고 말했습니다. 부모들이 자녀의 안전과 건강을 얼마나 중요하게 생각하는지를 엿볼 수 있는 대목입니다.

이제 한국 교회도 아이들의 건강과 안전 문제에 대해 보다 체계적인 규정과 시스템을 구축하기 위해 노력해야 합니다. 그러나 현재 한국 교회는 아직까지 안전에 대한 인식이 부족한 것이 사실입니다. 이는 과거에 큰 사건이나 사고 없이 지내 왔기 때문일 수도 있겠지만, 이제는 다음세대의 안전과 건강을 보다 섬세하게 고려해야 할 때입니다. 한국 교회는 특성상 교회학교 시설이 오래되어 낡고, 공간도 협소한 곳이 많습니다. 그러다 보니 예배 장소에 대한 안전 관리가 더 시급하기도 합니다. 사전에 안전사고에 대한 대비책을 세워 두는 것도 중요하다는 생각을 하게 됩니다.

저는 대형 교회에서 사역하던 시절, 교회 내에서 안전과 관련된 사건이 발생하는 것을 여러 차례 경험했습니다. 다행히 큰 사고로 이어

지지는 않았지만, 그러한 일들은 안전사고에 대해 경각심을 일깨워준 계기가 되었습니다. 따라서 교회 역시 이러한 변화에 대비하고, 책임 있는 대응 방안을 미리 준비해야 할 시점입니다. 안전은 결코 우연히 지켜지는 것이 아니라, 철저한 준비와 꾸준한 관리 속에서 지켜지는 것입니다. 특히 교회학교와 같이 아이들이 모이는 공간일수록 더욱 세심한 주의와 관리가 필요합니다. 교회학교 시설의 안전을 보다 체계적으로 관리하고 잠재적인 사고에 철저히 대비해야 할 이유입니다.

규모가 있는 교회라면 교회학교 공간에 대한 외부인 출입 관리 시스템을 구축하는 것이 필요합니다. 최근 사회적으로 '묻지마 범죄'가 빈번하게 발생하는 가운데 교회도 더 이상 안전 문제에서 자유로울 수 없습니다. 특히 정신적·정서적 어려움을 겪고 있는 외부인이 교회로 출입할 가능성을 고려하면 더욱더 철저한 보안과 관리가 필요합니다.

교회학교는 다음세대를 신앙으로 양육하는 공간이므로 아이들이 안전하게 보호받을 수 있는 환경을 조성해야 합니다. 따라서 교회의 예배 공간이 개방성과 안전성을 균형 있게 유지하고 있는지 점검해야 합니다. 이를 위해 교회는 교회학교 교사와 봉사자를 위한 안전 교육을 정기적으로 시행하고, 범죄, 이단, 성 정체성 관련 서약서 작성을 통해 사전에 철저한 관리가 이루어지도록 해야 합니다. 긴급 상황 대처 매뉴얼을 마련하고 대응 훈련을 정기적으로 실시하는 것도 필요합니다. 그럴 때 부모들이 안심하고 자녀를 맡기고, 아이들도 안전한 환경에서 말씀으로 양육받는 교회가 될 수 있습니다.

### 한국 교회 사례 ①

서울드림교회(신도배, 김여호수아 담임목사)의 차세대부는 매주 아이들에게 이름표 스티커를 붙여 주고 있습니다. 이는 미국 교회의 체크인 시스템처럼 전문적인 프로그램이나 장치를 이용하거나 거창한 장치를 하는 것은 아니지만, 아이들의 안전과 교회공동체로서의 소속감을 강화하기 위해 운영하고 있습니다. 시간이 지나면서 교회학교 사역에도 긍정적인 변화를 주고 있습니다.

첫째, 관계 형성에 도움이 됩니다. 이름표 덕분에 교사와 아이들이 서로의 이름을 쉽게 부를 수 있어 친밀감이 형성되고, 새로 온 친구도 빠르게 공동체에 적응할 수 있습니다.

둘째, 소속감을 강화합니다. 이름표를 붙임으로써 아이들은 자신이 '서울드림교회 차세대의 일원'이라는 인식을 갖게 됩니다. 특히 드림교회는 사립학교 시설을 임대해 예배드리기 때문에 외부인의 출입이 가능한 환경인데, 이름표는 소속을 구분하고 안전을 지키는 역할도 합니다.

셋째, 효율적인 관리가 가능합니다. 드림교회는 스티커 색상을 학년별로 구분하고, 소그룹 이름도 함께 표기합니다. 이를 통해 아이

▲ 서울드림교회 이름표 스티커

들은 서로의 학년과 소속을 쉽게 확인할 수 있고, 교사들은 소그룹별 상황을 효과적으로 관리할 수 있습니다.

이처럼 이름표 스티커 제도는 아이들의 안전을 지키고, 공동체성을 키우며, 교사들의 사역을 돕는 작지만 의미 있는 도구가 됩니다. 비록 미국 교회의 체크인 시스템처럼 거창하지는 않지만, 어느 교회나 부담 없이 충분히 실천할 수 있는 실질적이고 효과적인 대안이 될 수 있습니다.

### 한국 교회 사례 ②

교회학교에서 아이들을 양육하고 가르치는 교사의 역할은 매우

▲ 온누리교회 신입 교사 모집 포스터

중요합니다. 교사는 아이들과 직접적으로 접촉하며, 지적·영적으로 큰 영향을 미칠 수 있기 때문입니다. 따라서 교사 모집은 매우 신중하게 진행되어야 합니다.

제가 부교역자로 섬겼던 온누리교회 차세대(교회학교)에서는 신입 교사를 모집할 때, 신앙상태뿐 아니라 음주와 흡연, 동성애 및 성 관련 이슈, 금전 거래, 이단 관련 여부를 항목별로 확인하고 서명하는 절차를 거칩니다. 이 과정은 사역 중에 발생할 수 있는 다양한 문제를 예방하고, 추후 법적 책임의 기준이 되는 중요한 근거가 됩니다. 또한 교사 지원자들이 자신의 역할을 진지하게 받아들이고 책임감 있는 태도를 갖게 해 줍니다.

오늘날 많은 교회가 교사 부족 문제로 어려움을 겪고 있습니다. 그로 인해 검증 절차 없이 무분별하게 교사를 세우기도 합니다. 그러나 이러한 방식은 아이들이 신앙적·정서적으로 위험에 노출될 수 있습니다. 따라서 교회학교 봉사자를 세울 때는 아이들의 안전과 신앙 성장을 최우선으로 고려하는 세심한 기준과 절차가 반드시 마련되어야 합니다. 이는 단순히 인력 확보의 문제가 아니라, 교회가 다음세대를 어떻게 대하는지를 보여 주는 신앙적 책임의 문제입니다.

**나 눔 질 문**

1. 뉴스프링교회는 예배 동영상 콘텐츠(온라인)와 현장 인도자(오프라인)가 결합된 방식으로 어린이예배를 진행합니다. 우리 교회학교도 온라인과 오프라인을 결합한 형태의 예배를 시도해 볼 수 있을까요? 이를 위해 어떤 준비가 필요할까요?

2. 뉴스프링교회는 교회학교에 체크인 시스템을 도입하여 외부인 출입 통제를 통해 어린이의 안전을 보장하고 있습니다. 우리 교회학교에서 아이들의 안전을 강화하기 위해 추가적으로 개선하거나 도입해야 할 것은 무엇일까요?

3. 뉴스프링교회는 교사를 위한 휴게 공간과 자녀 돌봄 교실을 제공해 봉사자들이 사역에 집중할 수 있도록 돕습니다. 우리 교회학교에서도 교사와 봉사자를 위한 쉼과 배려를 어떻게 제공할 수 있을까요? 교사들의 소속감과 만족도를 높이기 위해 무엇이 필요할까요?

4. 뉴스프링교회는 교사의 유니폼과 명찰을 준비하여 교사의 정체성을 심어 주고, 엄격한 신원 확인 절차 등을 통해 신뢰성을 높이고 있습니다. 우리 교회학교에서도 교사들의 정체성과 신뢰성을 높이기 위해 어떤 실천이 필요할까요? 교사를 위한 지원 방안이나 교사 교육 프로그램 계획을 세워 보세요.

5장

# 어린이의 성향에 따라 예배 스타일이 달라요!

페리미터교회
Perimeter Church

## 페러미터교회(Perimeter Church)

웹사이트: perimeter.org
주소: 9500 Medlock Bridge Rd, Johns Creek, GA
담임목사: 제프 노리스(Jeff Norris)
교단: 미국 장로교(Presbyterian Church in America, PCA)
설립: 1977년
주일 평균 출석: 약 6,000명

### 레크리에이션을 부담스러워하는 아이

과거에 제가 어린이 사역을 할 때, 아이들의 분위기를 고조시키고 에너지를 발산하도록 돕기 위해 레크리에이션을 많이 활용했습니다. 많은 아이들이 레크리에이션을 좋아하고 그 시간을 기다립니다. 아이들은 땀 흘리는 선의의 경쟁 속에서 성취감을 얻고 그에 따른 만족을 경험하게 됩니다. 하지만 레크리에이션 게임에서 지거나 자기 생각대로 잘 풀리지 않으면 상처받아 눈물을 흘리는 아이들도 있습니다. 팀으로 나누어 승패를 가르게 되는 경우에는 과열된 경쟁 가운데 게임에서 진 팀원들은 패배의 원인을 누군가에게 돌리기 시작하며 감정이 격화되기도 합니다.

그래서일까요? 모든 아이들이 레크리에이션을 좋아하는 것은 아닙니다. 내성적이고 말수가 없는 아이들은 레크리에이션 시간을 부담스러워 하기도 합니다. 과거에 제가 맡았던 한 부서의 아이는 레크리에이션을 무척이나 싫어했습니다. 한 주 전에 레크리에이션에 관한 광고가 나가면 그다음 주일예배에 결석을 하곤 했습니다. 그 아이에게는 레크리에이션 시간이 부담되고 불편했기 때문입니다. 만일 이러한 아이들의 성향을 세심하게 이해하고 그들의 마음을 배려하기 위해 다가서는 교회가 있다면 어떨까요? 5장에서는 페러미터교회 Perimeter Church를 소개하려 합니다.

### 페러미터교회에 가다

페러미터교회는 조지아주 존스크릭에 위치한 교회입니다. 존스크릭은 애틀랜타 다운타운에서 차를 타고 30분 정도 가면 만날 수 있는 도시로 편안하고 안전한 생활 환경, 우수한 교육 시스템과 아름다운 자연 환경이 눈에 띕니다. 이 도시에는 여러 공립학교와 사립학교가 있어 학생들에게 우수한 교육 기회를 제공합니다. 이 때문에 젊은 부부들에게 선호도가 높으며, 자녀 교육을 위해 실제 이사를 오는 경우도 빈번하다고 합니다.

페러미터교회는 이 도시 약 12만 평 규모의 아름다운 대지 위에 세워졌습니다. 페러미터교회는 예배, 소속감, 성장, 축복을 교회의 핵심 가치로 삼고, 예수님의 제자가 되어 복음을 세상에 전하며 하나님 나라를 확장하는 비전을 가지고 있습니다.

▲ 본당 전경

    이 교회는 랜디 포프 Randy Pope 목사님에 의해 세워졌고, 현재는 제프 노리스 Jeff Norris 목사님이 2대 담임목사로 섬기고 있습니다. 페러미터교회는 다른 미국의 대형 교회와는 달리 멀티사이트 교회를 운영하지 않습니다. 대신 부목사들에게 기회를 주어 다른 지역으로 교회를 개척해 가는 사역에 힘을 쏟고 있습니다. 저는 페러미터교회에서 '키즈 트라이브' Kids Thrive 를 담당하는 사라 Sarah 목사님과 '키즈 퀘스트' Kids Quest 를 담당하는 브렌트 Brent 목사님을 만나 교회를 투어하고 어린이예배에 참석했습니다.

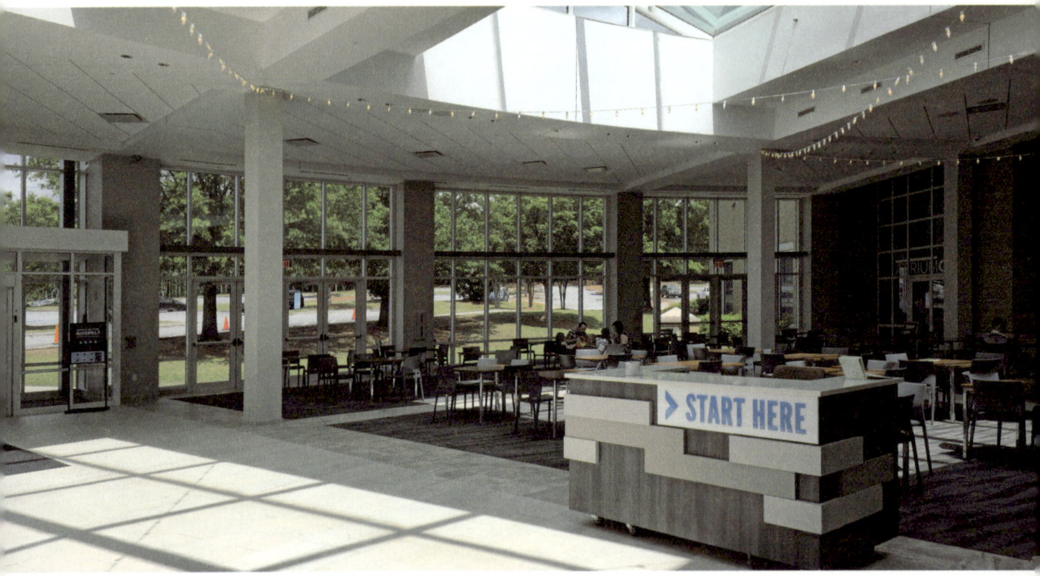
START HERE

▲ 교회 로비 1

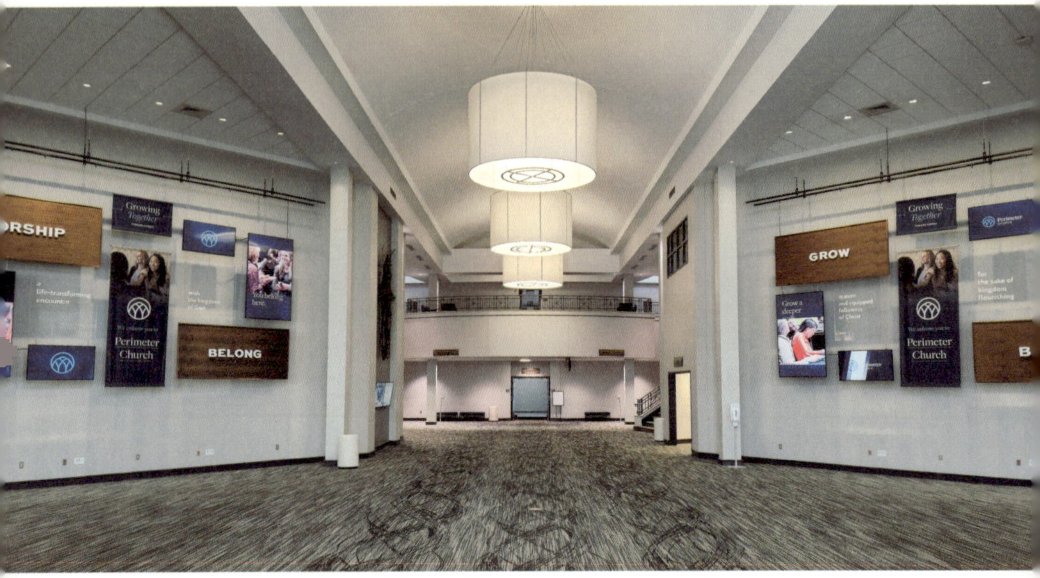
Growing Together
BELONG
Perimeter Church
GROW
Growing Together
Perimeter Church

▲ 교회 로비 2

### 두 가지 형태의 예배

페러미터교회에는 취학 어린이들을 위한 두 가지 형태의 예배가 있습니다. 키즈 트라이브와 키즈 퀘스트인데, 두 예배 모두 취학 어린이들을 위한 예배이지만 예배 스타일은 서로 다른 형태입니다. 먼저 키즈 트라이브는 9시에 드리는 예배로 제자훈련 소그룹 중심으로 진행되는 정적인 예배입니다. 키즈 퀘스트는 10시 45분에 드리는 예배로 찬양과 대화형 놀이가 중심인 동적인 예배입니다. 페러미터교회의 어린이들은 키즈 트라이브와 키즈 퀘스트 예배를 둘 다 드려도 되고 하나만 선택해서 드려도 됩니다. 하지만 제자훈련 중심의 예배와 대화형 놀이 중심의 예배가 가진 장점들이 각각 있다 보니 교회에서는 되도록 두 예배를 모두 드리도록 권장합니다.

### 키즈 트라이브

성경 공부 중심의 키즈 트라이브는 소그룹 환경에 중점을 두고 있으며 어린이들을 예수님의 제자로 훈련시키는 데 비전이 있습니다. 키즈 트라이브에서는 우리나라에도 잘 알려진 라이프웨이Lifeway 커리큘럼인 '가스펠 프로젝트'Gospel Project(두란노, 2016)를 교재로 활용합니다.

키즈 트라이브에서는 먼저 예배를 드립니다. 어린이와 교사가 대그룹으로 모여 예배를 드리는데 통기타 반주로 찬양을 부르고 이후

▲ 키즈 건물 복도

▲ 키즈 건물 로비

▲ 야외 놀이터

에 말씀을 듣습니다. 예배 시간은 총 30분 정도로 아주 짧습니다. 이후 연대순으로 성경 이야기를 배우고, 핵심 내용을 깊이 탐구하며, 그것을 삶에 적용하는 방법을 배웁니다. 키즈 트라이브를 담당하는 사라 목사님은 다음과 같이 말합니다.

> "우리는 키즈 트라이브에 나오는 어린이들이 성경 전체가 예수 그리스도를 통해 하나님의 백성들을 구원하시려는 하나님의 계획이라는 것을 알게 되길 바랍니다."

소그룹 시간에는 교사가 사전에 제공되는 활동지와 질문을 활용하여 어린이들을 양육하는데, 성경암송과 교리 공부에 집중합니다. 신학적 기초를 세우는 것이 어린이들의 영성 형성에 필수적이며 근본이 된다고 여기기 때문입니다. 이를 위해 페러미터교회에서는 온 가족이 말씀을 암송하도록 '갓 트루스'God Truth라는 이름의 가정 신앙양육 콘텐츠를 매월 가정에 제공합니다.

▲ 키즈 트라이브 예배당 입구

▲ 키즈 트라이브 예배 모습

### 키즈 퀘스트

초등학생을 위해 특별히 고안된 놀이 중심의 키즈 퀘스트는 대화형 상호작용 게임 활동에 중점을 두고 있는 에너지 넘치는 예배입니다. 매주 아이들은 키즈 퀘스트를 통해 말씀 안에서 진리를 발견하고, 삶 속에서 적용하는 방법을 배웁니다. 이를 효과적으로 전달하기 위해 사용하는 방법이 바로 게임입니다. 게임은 아이들을 말씀 안으로 끌어들이고 예배의 시청자가 아닌 참여자가 될 수 있도록 초대하기 위한 도구가 됩니다. 게임을 통해 아이들은 예배에 적극적으로 참여하게 됩니다.

이러한 과정을 통해 아이들은 하나님의 말씀을 더욱 깊이 이해할 수 있습니다. 왜냐하면 키즈 퀘스트가 재미만을 추구하는 것은 아니기 때문입니다. 공동체 게임의 중심에는 성경 퀴즈가 있습니다. 매

▲ 키즈 퀘스트 예배당 입구

▲ 키즈 퀘스트 예배 모습 1　　　　　▲ 키즈 퀘스트 예배 모습 2

주 게임을 통해 말씀의 핵심 포인트를 반복하고 숙달하게 되는데, 매월 마지막 주일에는 한 달간 배운 내용을 총정리하며 복습하는 시간을 갖습니다. 키즈 퀘스트를 담당하는 브렌트 목사님은 다음과 같이 말합니다.

> "키즈 퀘스트의 목표는 아이들을 재미있는 메시지로 끌어들이고 참여하게 함으로써 진정한 예배로 초대하는 것입니다."

### 대화형 상호작용 게임

페러미터교회에서 진행하는 공동체 게임은 우리가 흔히 생각하는 레크리에이션의 수준을 훨씬 뛰어넘습니다. 제가 방문한 날에는 다음과 같은 세 가지의 놀이가 진행되었습니다.

1. 회전하는 원통 안에 원반던지기 게임
2. 공 던지기 게임
3. 과녁 맞추기 게임

페러미터교회에서는 대화형 상호작용 게임을 진행하기 위해 특별 무대를 제작했습니다. 놀이를 위한 도구를 설치할 수 있도록 확장성을 갖추고, 뮤지컬 공연장처럼 천장을 높게 지었습니다. 또한 다양한 게임을 진행하기 위한 보조 장비들도 갖추고 있었는데, 제가 방문한 날에는 큰 원통을 천장에 매달고 거기에 원반을 던지는 놀이가 진행되고 있었습니다. 놀이가 진행되는 동안 경쟁이 과열되어 다칠 수 있기 때문에 진행팀에서는 아이들에게 보호대를 착용시키는 등 안전에도 세심한 배려를 하고 있었습니다.

게임은 아이들에게 재미와 웃음을 선사합니다. 하지만 앞서 언급했듯이 키즈 퀘스트의 게임은 재미만을 위한 것이 아니라 그날의 성경의 가르침이나 말씀의 요점을 전달하는 것을 목표로 삼고 있습니다. 마지막 게임은 말씀을 들으며 배웠던 내용을 복습하는 것으로 구성되어 있습니다. 게임의 목적은 언제나 성경 말씀을 아이들에게 잘 전달하는 것입니다.

▲ 원반던지기 게임 모습

◀ 공 던지기 게임 모습

▼ 과녁 맞추기 게임 모습

### 개별화 수업과 다중지능 이론

캐롤 앤 톰린슨Carol Ann Tomlinson의 '개별화 수업' 이론은 학생마다 정서적 요구, 학습 스타일, 능력, 흥미도가 각각 다르다는 점에 주목하여 학습 동기를 높이는 이론입니다. 교사는 동일한 수업 방식이 아닌 학생에 따라 알맞은 수업으로 진행해야 합니다. 어떤 학생은 토론식 수업을, 어떤 학생은 글쓰기나 개인 프로젝트 수행을 통해 학습 동기를 높일 수 있다는 것입니다.

하워드 가드너Howard Gardner의 '다중지능 이론'에서는 인간은 단순하지 않고 다양한 지능, 즉 논리·수학적 지능, 언어 지능, 공간 지각 지능, 신체 운동 지능, 대인 관계 지능, 음악 지능, 자기 성찰 지능, 자연 친화 지능을 타고난다고 주장합니다. 그래서 사람마다 강점이 다르고, 흥미와 재능도 다르니 학습의 접근도 달라야 한다고 강조했습니다. 예를 들어 음악 지능이 뛰어난 학생은 리듬과 노래를 활용한 학습이 큰 효과를 거둘 수 있습니다.

이러한 이론들은 예배 교육에도 적용됩니다. 페러미터교회의 키즈 트라이브와 키즈 퀘스트는 어린이들의 학습 스타일과 강점을 고려한 예배 프로그램입니다. 분석적이고 내성적인 아이는 키즈 트라이브에서, 활동적이고 외향적인 아이는 키즈 퀘스트에서 자신에게 맞는 방식으로 하나님을 경험할 수 있습니다. 음악, 논리, 신체 활동 등 다양한 지능 영역을 활용함으로써 아이들이 단순히 예배를 참여하는 데 그치지 않고 신앙을 삶으로 체득하도록 돕는 것입니다.

### 청소년 보조교사

페러미터교회는 청소년들이 어린이부 교사로 섬기는 것을 장려하고 있습니다. 청소년 시기부터 교회를 섬길 수 있는 장을 마련해 주는 것인데, 중학생과 고등학생들이 열정적으로 어린이부 예배를 섬기는 모습이 무척이나 인상 깊었습니다. 브렌트 목사님은 다음과 같이 말합니다.

> "우리는 학생들에게 맡길 교사의 포지션을 일방적으로 정하지 않습니다. 대신 학생들을 먼저 인터뷰하여 그들의 관심과 강점을 살펴보고, 어떤 포지션에서 잘 섬기고 성장할 수 있을지 함께 고민합니다. 그 후에 학생들이 스스로의 재능을 펼칠 수 있는 기회를 열어 줍니다."

그래서인지 페러미터교회 어린이예배에서 예배 영상, 음향, 조명을 섬기는 학생들의 실력이 수준급이었음을 확인할 수 있었습니다. 물론 이는 페러미터교회만 그런 것은 아닙니다. 게이트웨이교회 방문 당시, 주일 대예배에 초등학교 고학년쯤으로 보이는 한 학생이 방송용 카메라를 잡고 있는 모습을 보았습니다. 어린 학생이 방송국 카메라에 집중하고 있었는데 함께 섬기던 한 스텝은 이 아이가 보통의 어른들보다 훨씬 더 잘한다고 칭찬했습니다. 이처럼 다음세대는 기성세대보다 디지털 기기를 능숙하게 잘 다룹니다. 지금 자라는 다음세대는 디지털 원주민들이기 때문입니다.

### 캠프 올 아메리칸

페러미터교회는 부지가 넓기 때문에 한번에 2,000대가 넘는 차를 주차할 수 있는 주차 공간을 보유하고 있습니다. 또 교회 주위에는 넓은 잔디 마당과 2개의 인공 호수 및 산책로가 있고 부지 내에는 우레탄 트랙이 깔린 운동장과 수영장이 있습니다. 날씨가 좋은 때에는 가족들이 삼삼오오 교회에 모여서 피크닉을 즐깁니다.

교회는 이런 넓은 부지를 활용하여 수준 높은 야외 캠프를 진행하고 있습니다. 바로 페러미터교회가 여름방학 기간 10주간에 걸쳐 진행하는 '캠프 올 아메리칸'Camp All-American이 대표적입니다. 이 캠프는 연령대별로 나뉘어 진행됩니다. 특별히 페러미터교회는 캠프 올 아메리칸을 진행하기 위해 교회 부지 내에 짚라인을 비롯한 야외 어드벤처 시설을 만들었습니다. 그래서인지 무박 5일 일정의 캠프 참가비는 약 300달러로 꽤나 비싼 편입니다. 대신 교회는 가정 형편이 어려운 친구들을 위해 지원 프로그램을 운영합니다.

참가하는 학생들은 경험 중심의 캠프를 통해 문제 해결 능력을 키우고, 친구를 사귀며, 하나님을 인격적으로 만나게 됩니다. 또 캠프 참가자들은 매일 성경 읽기, 찬양, 기도, 게임 등을 통해 복음, 즉 예수 그리스도를 만나게 됩니다.

대학생들은 단순 자원봉사자가 아닌 상담자로 고용됩니다. 자원봉사의 수준을 넘어 유급의 보조 교사로 채용되는 것인데, 이는 대학생들이 캠프를 섬기며 아르바이트를 겸하게 되는 효과를 갖습니다.

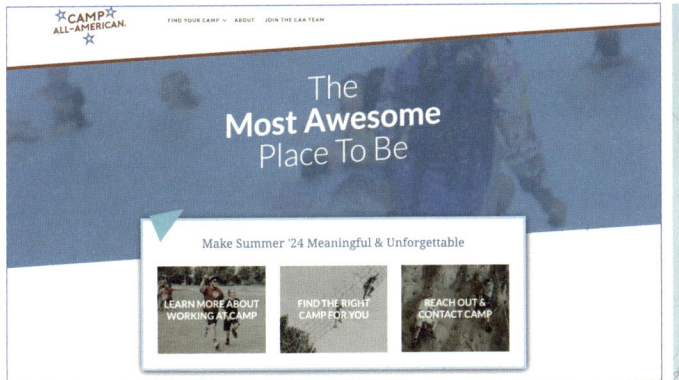 

▲ 캠프 올 아메리칸 홈페이지　　　　　　▲ 짚라인 시설

청년들은 이 기간에 리더십 훈련과 제자화 교육을 경험하게 됩니다. 그리고 교회는 캠프를 경험한 학생들이 훗날 청년이 되어 보조 교사 역할로 캠프를 섬기도록 장려하고 있습니다.

## 한국 교회 사례 ①

예배 형식에는 정답이 없습니다. 예배는 사회와 문화 그리고 시대의 변화에 따라 끊임없이 변해 왔습니다. 예배 형식 또한 시대적 흐름과 문화, 아이들의 성향에 맞게 변화해야 합니다. 하지만 많은 한국 교회 교회학교 예배는 수십 년이 지나도 큰 변화 없이 같은 방식으로 진행되고 있습니다. 20년 전이나 지금이나 교회학교 예배 순서는 거의 동일합니다. 그러니 어린이들이 예배를 지루하고 따분하게

▲ 불로교회 온세대예배

느끼는 것은 어쩌면 당연한 결과일지도 모릅니다.

페러미터교회가 아이들의 성향에 따라 서로 다른 콘셉트의 예배를 준비한 것은 단 한 명의 아이도 놓치지 않으려는 노력의 일환일 것입니다. 위기의 시대 속에서 어린이예배의 형식과 방향성에 대한 현실적인 고민이 필요한 때입니다. 페러미터교회처럼 다양한 형식의 예배를 운영하는 것은 일부 대형 교회에서나 가능할 것입니다. 하지만 아이들의 성향을 고려한 예배 형식의 설계는 담임 목회자의 철학과 결단만 있으면 어느 교회에서든 충분히 실현할 수 있습니다.

인천 서구 불로동에 위치한 불로교회(한민수 담임목사)는 역동적인 형식으로 어린이예배를 드리는 대표적인 사례입니다. 2016년 담임 목사로 부임한 한민수 목사님은 오랜 기간 교회학교를 섬겨 온 경험을 살려 불로교회만의 독특한 어린이예배를 만들었습니다. '아이워십'이라 불리는 불로교회의 어린이예배는 역동적인 찬양, 재미있는 게임, 성경암송이 한데 어우러진 방식으로 진행됩니다.

한민수 목사님이 부임할 당시 불로교회는 교회의 내부 문제로 분열을 겪으며 약 40여 명의 성도만 남아 있는 어려운 상황이었습니다. 그런 가운데서 한민수 목사님은 오직 '예배'에 집중했고, 아이들이 좋아하는 역동적인 예배 형식을 설계했습니다. 특히 어린이예배가 본당에서 드려질 수 있도록 성인예배 시간까지 조정하며 교회 전체가 어린이예배에 함께 참여할 수 있도록 환경을 조성했습니다.

또한 불로교회는 한 달에 한 번 세대통합예배인 '온세대예배'를 드립니다. 이때 다양한 세대의 예배 형식을 번갈아가며 경험하도록 설계했습니다. 예를 들면 지난달에 어린이예배 형식으로 온세대예배를 드렸다면 이번 달에는 청소년예배 형식으로 온세대예배를 드리고, 다음 달에는 청년예배 형식으로 온세대예배를 드립니다.

이 방식은 세대 간 신앙의 통합을 이루고, 분리된 예배의 단점을 극복하며, 성인들이 어린이예배를 경험하고 이해하는 데 도움을 주는 효과가 있습니다. 결국 아이워십과 온세대예배가 도입된 후 불로교회는 이전보다 훨씬 더 역동적인 교회로 변화했습니다. 또한 젊은이들이 많이 모이는 교회로 성장하며 양적인 증가까지 이루어 냈습니다.

**한국 교회 사례 ②**

의정부 하늘샘교회(전웅제 담임목사)는 다음세대의 눈높이에 맞게 파격적인 예배를 시도하는 교회로 알려져 있습니다. 아이들이 한 명도 없던 하늘샘교회에 부임한 전웅제 목사님은 교회를 지역 아동과 청소년이 머무는 공간으로 만들었습니다.

"교회는 노잼이 아니라 아이들이 즐겁게 뛰놀 수 있는 곳이 되어야 한다."는 전웅제 목사님의 목회 철학을 바탕으로, 요즘 청소년과 어린이들이 열광하는 유행과 콘텐츠를 분석하고, 그들의 눈높이에 맞는 '테마예배'를 기획했습니다.

하늘샘교회가 시도한 예배들은 다음과 같습니다.

- ✓ 메디컬워십: 믿음의 척추를 바로 세운다는 병원 콘셉트의 예배
- ✓ 헬스예배: 영적 근육을 키우자는 헬스장 콘셉트의 예배
- ✓ 힙합예배: 찬양과 설교를 랩으로 표현하며, 랩을 통해 성경 말씀을 전달하는 예배
- ✓ 대선예배: 사회적 이슈나 시대적 관심사를 통한 테마 예배
- ✓ AI예배: 인공지능을 활용하여 성경의 장면을 이미지화하고, 시청각적으로 체험하는 예배

이처럼 하늘샘교회의 예배는 일방적인 전달이 아니라 아이들의 오감을 자극하고 참여를 이끄는 쌍방향 소통의 예배입니다.

▲ 하늘샘교회 메디컬워십

　불로교회와 하늘샘교회의 사례는 예배 형식이 교회 분위기와 성장에 미치는 영향을 보여 주는 대표적인 사례입니다. 예배는 시대의 변화와 아이들의 성향을 반영해야 하며 교회학교 예배 형식은 담임 목회자의 목회 철학과 결단에 따라 충분히 변화할 수 있습니다. 그러나 무엇보다 중요한 것은 교회 구성원들이 담임 목회자의 목회 철학을 지지하며 세대통합을 위해 하나 되는 공동체를 이루는 것입니다. 변화는 담임 목회자 혼자 만들어 낼 수 없습니다. 교회의 변화를 이루기 위해서는 온 공동체가 한마음이 되어 함께 나아가는 과정이 필수적이며, 이를 위해 성도들의 이해와 협력이 반드시 필요합니다. 교회는 한 사람의 결단이 아니라 모두가 함께 만들어 가는 공동체입니다.

예배의 변화는 교회의 방향성을 결정하는 중요한 요소입니다. 이 예배의 변화가 건강한 신앙공동체를 형성하는 데 기여할 때, 교회는 더욱 성장하고 견고한 공동체로 자리 잡을 수 있을 것입니다.

## 나눔질문

1. 페러미터교회는 정적인 제자훈련 중심의 예배(키즈 트라이브)와 동적인 놀이 중심의 예배(키즈 퀘스트)를 통해 아이들의 서로 다른 성향과 학습 스타일을 고려하고 있습니다. 우리 교회학교에서 아이들의 성향에 따른 신앙교육을 어떤 방법으로 시도할 수 있을까요?

2. 페러미터교회는 놀이를 통해 아이들이 말씀을 배우는 예배 방식을 도입했습니다. 우리 교회학교에서도 놀이를 신앙교육에 효과적으로 활용하려면 어떤 접근법이 필요할까요? 말씀을 놀이와 연결하는 방법은 무엇일까요?

3. 페러미터교회는 청소년과 청년들이 어린이부를 섬기도록 장려하고, 여름 캠프를 운영할 때는 대학생들이 유급 상담자로 참여할 기회를 제공합니다. 우리 교회학교에서도 다음세대가 봉사에 적극적으로 참여할 수 있도록 어떤 환경과 기회를 제공할 수 있을까요? 이를 통해 얻을 수 있는 신앙적·교육적 효과는 무엇일까요?

4. 페러미터교회는 '갓 트루스'라는 가정 신앙양육 콘텐츠를 통해 온 가족이 함께 말씀을 암송하도록 돕습니다. 우리 교회학교는 가정과의 연계를 강화하고 부모와 자녀가 배운 말씀을 실천하도록 돕기 위해 어떤 교육이나 자료를 제공할 수 있을까요?

## 6장

# 미국 교회는 소그룹을 이렇게 해요!

베이사이드커뮤니티교회
Bayside Community Church

베이사이드커뮤니티교회
(Bayside Community Church)

웹사이트: mybayside.church
주소: 15800 SR 64 E, Bradenton, FL
담임목사: 랜디 베젯(Randy Bezet)
교단: 초교파
설립: 2002년
주일 평균 출석: 약 11,985명

### 공과 시간의 추억

주일학교 예배가 끝나면 보통 소그룹 모임인 반별 모임, 곧 '공과 시간'이 이어집니다. 약 80분의 예배 중 공과 시간은 20분 남짓으로, 출석 체크, 성경암송, 성경 공부와 나눔까지 진행해야 하니 항상 분주합니다. 예배가 늦게 끝나면 출석만 부르고 마치기도 하고, 반대로 성인예배가 일찍 끝나면 부모들이 아이를 데려가 공과가 중단되기도 합니다.

교사들은 이 짧은 시간을 위해 주중에 준비하며 아이들의 마음에 말씀의 씨앗을 심고자 애쓰지만, 현실적으로 공과시간에 깊은 대화까지 나누기는 쉽지 않습니다. 공과 시간은 단순한 교육이 아니라 아이들과 소통할 수 있는 소중한 기회이지만, 언제나 시간 제약 속에 아쉬움을 남깁니다.

이 한계를 극복하기 위해 미국 교회들은 보다 효과적인 신앙교육 방법을 고민합니다. 그중 한곳이 플로리다주의 베이사이드커뮤니티교회 Bayside Community Church 입니다.

### 베이사이드커뮤니티교회에 가다

베이사이드커뮤니티교회는 플로리다주 브레이든턴에 위치해 있습니다. 브레이든턴은 플로리다주 서부에 위치한 도시로, 미국에서도 유명한 휴양도시 탬파베이 옆에 자리 잡고 있는데, 탬파베이는 멕시코만에 위치한 해안 도시입니다. 멕시코의 칸쿤과 쿠바의 바라데로처럼 잔잔한 파도와 에메랄드 빛깔의 바다로 유명합니다. 아름다운 해변 도시 탬파베이 인근에 있습니다. 랜디 베젯 Randy Bezet 목사님이 개척해 현재 9개의 캠퍼스를 운영하고 있습니다.

제가 방문한 베이사이드커뮤니티교회 레이크우드 랜치 캠퍼스는 플로리다주의 태양처럼 밝고 따뜻한 분위기의 교회로, 한국에서 보낸 제 이메일에 가장 먼저 답을 주며 방문을 허락해 준 곳입니다. 현장에서 만난 매트 무어 Matt Moore 목사님은 친절하게 시설을 안내해 주고 교회학교 예배도 참관할 수 있도록 연결해 주었습니다. 무엇보다 낯선 손님을 위해 번역기를 미리 준비해 둔 세심한 배려가 인상 깊었습니다. 이 경험을 통해 한국 교회를 배우러 온 낯선 이방인이 있다면 우리가 어떻게 맞이해야 하는지도 돌아보게 되었습니다.

▲ 본당 전경

▲ 교회 로비

6장. 미국 교회는 소그룹을 이렇게 해요!

### 예배당에 설치된 원통 미끄럼틀

베이사이드커뮤니티교회 교회학교는 어린이부인 '베이사이드 키즈'Bayside Kids와 청소년부인 '베이사이드 유스'Bayside Youth로 나뉩니다. 앞서 2장에서 다뤘던 크라이스트펠로우십교회처럼 교회학교 시설에 많은 투자를 하고 있습니다. 테마파크로 유명한 플로리다주의 특징을 반영하여 아이들을 위한 실내 놀이터와 테마별 예배 공간, 그리고 2층에서 1층으로 내려오는 2개의 원통 미끄럼틀이 설치되어 있습니다. 원통 미끄럼틀은 예배당 안과 밖을 연결하는 통로였는데, 아이들에게 매우 인기 있는 시설입니다.

아이들은 예배가 끝나면 예배당 뒤에 있는 원통 미끄럼틀을 타고 1층 로비로 내려가 부모님을 만나게 됩니다. 교회는 원통 미끄럼틀을 이용하려는 아이들로 인해 매주 예배당이 혼잡하다는 것을 알고 이를 피하기 위해 매월 마지막 주에만 원통 미끄럼틀을 이용할 수 있도록 자체적인 규정을 마련해 두었습니다. 담당자는 아이들이 원통 미끄럼틀을 타고 내려갈 수 있는 날만 기다린다고 빙그레 웃으며 말했습니다.

청소년 예배당 안에는 청소년들을 위한 전용 카페테리아가 있습니다. 베이사이드커뮤니티교회의 청소년들은 이곳 카페테리아를 통해 언제든지 저렴한 비용으로 음식을 사 먹고 교회 안에 머물 수 있습니다. 또한 청소년 예배 공간 안에는 예배 전후로 이용할 수 있는 스포츠, 게임, 놀이 시설 등이 있습니다.

▲ 미취학 어린이 스포츠 테마 예배당

▲ 미취학 어린이 놀이터

▲ 베이사이드 키즈 예배당에 설치된 원통 미끄럼틀

▲ 베이사이드 유스 예배당 내부

▲ 청소년 전용 카페테리아

### 설교 시간에 진행되는 소그룹 나눔

베이사이드커뮤니티교회의 베이사이드 키즈에서는 예배 도중에 소그룹 나눔을 진행합니다. 예배를 마치고 소그룹 모임을 진행하는 것이 아니라 예배 설교와 함께 진행합니다. 예배 설교는 세 부분으로 나뉘는데, 그 사이사이에 소그룹 나눔이 진행됩니다.

베이사이드커뮤니티교회는 설교에 집중하지 못하는 아이들을 바라보며 그들이 '어떻게 하면 더 설교에 집중할 수 있을까?'를 고민했습니다. 그러한 과정 속에서 설교 시간 도중에 소그룹 나눔을 나누어서 진행하는 방법을 고안하게 되었다고 합니다. 이와 관련하여 베이사이드 키즈를 섬기는 체리 메도우즈 Cherie Meadows 목사님은 다음과 같이 말합니다.

> "우리는 해마다 아이들의 집중력이 점점 줄어들고 있다는 사실을 발견했습니다. 아이들은 보통 30분 정도 말씀을 듣는데, 그 시간에 온전히 집중하는 것이 어렵기 때문에 우리는 메시지를 3단계로 나누었습니다. 아이들은 각 메시지를 듣고 소그룹 모임을 진행하게 됩니다. 설교 시간에 소그룹 나눔을 함께 진행하면 아이들과 대화를 나누고 아이들의 질문에 답해 줄 수 있습니다. 우리는 아이들이 설교를 관람하는 것을 원하지 않습니다. 우리는 아이들이 설교를 듣고 질문할 수 있는 환경을 만들고자 합니다. 이를 통해 자신이 배우고 있는 성경 말씀을 충분히 이해하기를 원합니다."

▲ 베이사이드 키즈 예배당 입구

▲ 베이사이드 키즈 예배당 로비 1

▲ 베이사이드 키즈 예배당 로비 2

헤르만 에빙하우스Hermann Ebbinghaus의 망각곡선이론forgetting curve hypothesizes에 따르면 무언가를 배우고 난 뒤 10분 후부터 인간의 망각이 시작됩니다. 에빙하우스는 무언가를 보거나 들었을 때 그 기억은 1시간 후에는 44%만 머리에 남고, 하루가 지나면 33% 정도만 남는다고 합니다. 이를 보완하기 위해 필요한 것이 복습과 반복입니다. 효과적인 복습은 기억이 사라지기 전에 반복하는 것입니다. 설교를 듣자마자 소그룹 나눔을 하게 되면 소그룹에서 다시 한 번 함께 복습하고 서로 이야기를 나누면서 기억력을 보다 강화할 수 있습니다.

### 3단계 설교와 소그룹 나눔

베이사이드 키즈의 예배 설교는 미리 제작한 영상 설교를 사용합니다. 이를 위해 베이사이드커뮤니티교회 교회학교의 목회자와 스텝은 주중에 미리 설교 영상을 제작한다고 합니다. 아이들이 설교 듣는 것을 지루하게 여겨서 토크쇼와 드라마, 애니메이션 등을 활용하여 아이들에게 시각적이고 입체적인 방법으로 전달됩니다. 영상 설교는 3단계의 구역으로 나눠지는데, 각 구역이 끝나면 '허들'Huddle 이라고 불리는 10분간의 소그룹이 진행됩니다. 영상 설교 1(도입)-허들 1-영상 설교 2(성경 이야기)-허들 2-영상 설교 3(적용)-허들 3으로 총 45분 정도 진행됩니다. 설교 시간에 소그룹을 진행하다 보니 아이들은 소그룹 대형으로 둥글게 앉아서 설교 영상을 시청합니다.

▲ 베이사이드 키즈 예배 모습

▲ 영상 설교

▲ 예배당 입구에 준비된 귀마개

▲ 부모 대기 공간

- ✓ 허들1: 아이스브레이크 시간으로 아이들과 편안하게 대화하는 시간입니다. 아이들이 지난 한 주간 무엇을 했는지, 어땠는지를 나누는 시간입니다.
- ✓ 허들2: 배운 내용을 토대로 무엇을 배웠는지 토론하는 시간입니다. 선생님은 성경 말씀에 관한 질문을 하고 아이들은 자신의 생각을 나눕니다.
- ✓ 허들3: 이번 주일에 배운 내용을 자신의 삶에 적용할 수 있는 실천 방법을 나눕니다. 이것은 아이들이 성경이 단순한 책이 아니라 삶의 방식에 대한 매뉴얼이라는 것을 깨닫도록 합니다.

영상 설교가 끝나면 교사는 소그룹 모임을 인도합니다. 사전에 전달받은 질문지를 가지고 아이들과 대화식 나눔을 진행합니다. 인상적인 점은 화면을 통해 소그룹 시간이 표시됩니다. 선생님은 화면에서 남은 시간을 확인하며 소그룹을 진행해야 합니다. 예배를 마치고 소그룹이 진행되면 어떤 반은 짧게 끝나고 어떤 반은 길어지는데 베이사이드 키즈는 동시에 시작해서 동시에 마칩니다. 짧은 시간에 변화를 주어서 그런지 아이들의 예배 집중도는 상당히 높은 편입니다.

애리조나주 피닉스에 위치한 크라이스트처치오브더밸리 Christ's Church of the Valley(CCV)에서도 베이사이드커뮤니티교회처럼 설교 시간에 소그룹 나눔을 진행합니다. 이 교회가 소그룹 나눔을 설교 시간에 진행하는 이유도 아이들의 집중력을 극대화시키고 소그룹 모임이

▲ 소그룹(Huddle) 중인 아이들

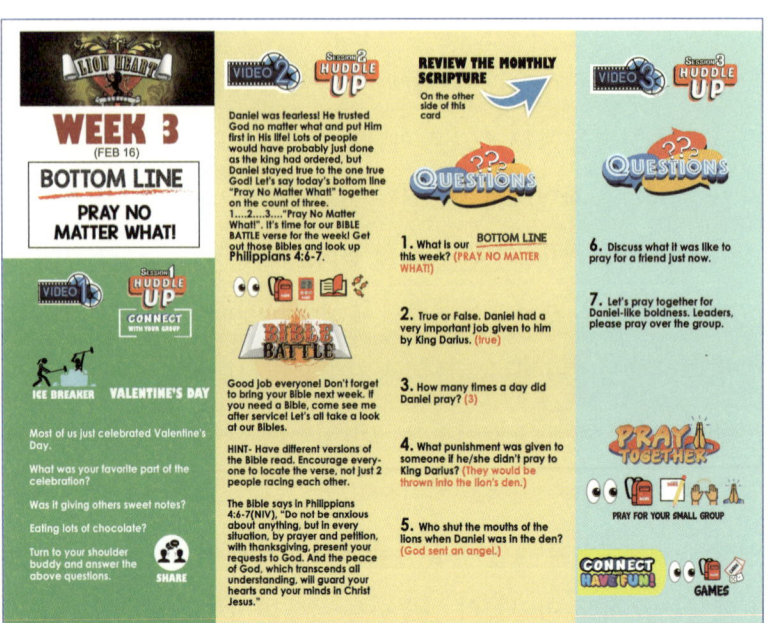

▲ 소그룹(Huddle) 나눔지

온전히 진행될 수 있도록 시간을 확보하기 위함입니다. 이처럼 예배 형식에 매이지 않고 교회 상황과 환경에 맞게 유연한 변화가 가능하다면 보다 신선하고도 새로운 그룹 문화를 만들어 갈 수 있을 것이라 가늠해 봅니다.

### 드림 센터

베이사이드커뮤니티교회는 '드림 센터'Dream Center/Bradenton를 지어 운영하고 있습니다. 드림 센터는 1990년대 미국 로스앤젤레스(LA)에서 시작된 비영리·미션 단체입니다. 미국의 여러 지역 교회와 기관과 연합하여 현재 미국 전역의 74곳에서 운영되고 있으며, 해외로도 확대되어 미국 이외의 11곳에 위치해 있습니다.

드림 센터는 저소득층이나 취약계층을 위한 교육, 보건, 직업 훈련, 상담 및 사회 지원 프로그램을 운영하는 기독교 사회복지 시설입니다. 드림 센터는 지역 사회를 섬기고 복음과 사랑을 전하는 것을 목적으로 세워졌으며, 미국 여러 지역으로 확산되어 각 지역 사회에 필요한 사역과 프로그램을 제공합니다. 플로리다주 브레이든턴에 위치한 드림 센터도 그중 하나로 베이사이드커뮤니티교회에서 운영하고 있습니다.

브레이든턴 드림 센터는 도시 내 소외계층, 홈리스, 위기 청소년, 중독 문제를 겪는 이웃들에게 실제적인 도움을 주고 복음을 전하기

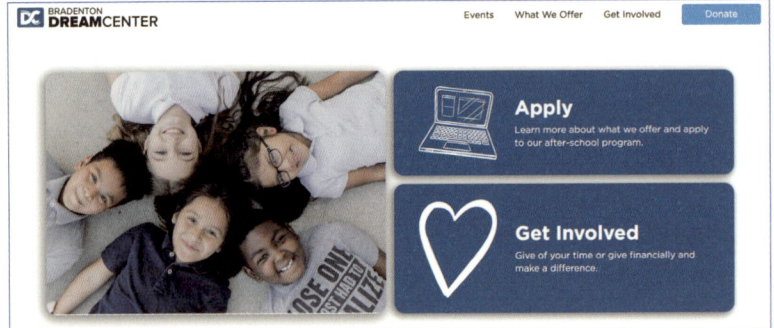

▲ 드림 센터 홈페이지

▲ 드림 센터 협력 기관

위해 설립되었습니다. '교회 안으로 사람들을 불러들이기보다는 직접 현장으로 찾아가 섬기자.'는 취지에서 출발한 각 도시의 드림 센터들은 지역 상황에 따라 다양한 사회봉사와 교육, 복음 전도 활동을 전개하고 있습니다. 베이사이드커뮤니티교회가 운영하는 드림 센터를 통해 다운타운 지역에 사는 노숙인 자녀와 빈민 어린이들은 방과 후 학교를 무료로 이용하게 됩니다.

또한 지역 내 위기 청소년, 학교 내에서 충분히 돌봄을 받지 못하는 학생들을 대상으로 멘토링, 학습 지원, 스포츠, 문화 활동 등을 제공합니다. 이는 다음세대를 건강하게 세우기 위한 교회의 노력이자 지역 사회를 장기적으로 변화시키려는 핵심 사역입니다. 지역 초등학교에 교통편을 제공하고 학업 지원뿐만 아니라 축구, 농구, 야구, 미술 등을 가르칩니다. 마약 및 약물 중독자를 위한 1년 코스의 상담 및 치료 프로그램도 운영하고 있습니다.

이러한 사역을 감당하기 위해서는 재원 마련이 필수적입니다. 교회는 정부의 지원에 의존하지 않는다고 합니다. 정부의 지원으로 운영하게 되면 정부의 간섭과 통제를 받게 되기 때문입니다. 그래서 교회는 지역의 여러 기업과 협력하여 기금을 모금하고 자원을 활용합니다. 제가 방문했을 때는 프로 골프 선수와 함께 라운딩하는 행사를 주최하고, 이때 모금된 비용을 드림 센터에 기부했습니다.

### 한국 교회 사례 ①

저는 아직까지 한국 교회 교회학교에서 설교와 소그룹 나눔을 동시에 하는 사례는 보지 못했습니다. 그러나 주일예배 후 소그룹 모임을 원활하게 운영하기 위한 고민은 많은 교회가 공통적으로 하고 있습니다. 일반적으로 교회학교의 소그룹 모임은 부서 예배당 안에서 진행되며 공간이 협소하여 많은 사람들이 한꺼번에 모여야 하는 상황이 자주 발생합니다. 이러한 환경에서는 사람이 너무 많아 시끄럽고 집중하기 어려울 수 있습니다.

　이러한 문제를 해결하기 위해 교회학교의 소그룹 공간을 체계적으로 정비하는 교회들이 점점 늘어나고 있습니다. 인천 주안장로교회(주승중 담임목사)는 코로나19 팬데믹 기간 동안 교회학교 시설을 리모델링하면서 다수의 소그룹실을 새롭게 조성했습니다. 이렇게 만들어진 소그룹 공간은 교회학교의 주일 소그룹 모임뿐만 아니라 주중 성경 공부, 제자훈련 등 다양한 사역을 위한 공간으로 활용되고 있습니다.

　물론 주안장로교회의 소그룹실이 모든 학생을 수용할 만큼 충분한 규모는 아닙니다. 그렇기 때문에 일부 학생들은 예배당에서 소그룹을 진행해야 하지만, 소그룹실을 활용하면서 아이들이 자연스럽게 분산되는 효과가 생기고 전체적인 공간 운영이 훨씬 여유로워지는 장점이 있습니다.

### 한국 교회 사례 ②

　부산 수영로교회(이규현 담임목사)도 교회학교 건물 1층에 소그룹 모임을 위한 별도의 공간을 마련했습니다. 주일에는 교회학교 학생

▲ 주안장로교회 소그룹실

▲ 수영로교회 소그룹실

들이 소그룹 모임을 진행할 수 있도록 구성되었고, 스터디 카페처럼 리모델링하여 편안한 분위기 속에서 나눔이 이루어질 수 있도록 조성되었습니다. 또한 평일에는 성경 공부와 제자훈련 등의 공간으로 활용되며 다목적 공간으로도 운영되고 있습니다. 이러한 공간 구성은 교회학교가 보다 체계적으로 소그룹 모임을 운영할 수 있도록 돕는 동시에 교회 시설의 활용도를 높이는 효과를 가져다줍니다. 이것은 교회 공간이 물리적 장소를 넘어 신앙성장과 공동체 형성을 위한 중요한 도구가 될 수 있음을 보여 주는 좋은 사례입니다.

이제 한국 교회는 다음세대의 신앙교육을 위해 공간 활용과 예배 환경을 전략적으로 개선할 필요가 있습니다. 시끄럽고 혼잡한 환경에서 진행되던 소그룹 모임을 보다 집중할 수 있는 환경으로 개선하고, 학생들을 분산시켜 소그룹 모임의 효과를 극대화시킬 방안을 찾아야 합니다. 교회의 공간이 부족하다면 카페나 공원 등 주변 인프라를 활용하는 방안도 고려할 수 있습니다. 교회가 지역 사회와 잘 협력하여 공간을 충분히 활용한다면, 지금보다 더 나은 방안을 찾을 수 있을 것이라 생각합니다.

**나눔질문**

1. 베이사이드커뮤니티교회는 설교를 3단계로 나누고 소그룹 나눔을 병행하여 아이들의 집중도를 높이고 기억력을 강화하고 있습니다. 우리 교회학교에서도 설교 시간에 아이들의 집중도를 높이기 위해 적용할 수 있는 방법은 무엇일까요?

2. 설교 도중 소그룹을 진행하여 말씀의 이해와 적용을 돕는 허들(Huddle) 방식이 눈길을 끕니다. 우리 교회학교에서 소그룹을 더 효과적으로 진행하기 위해 어떤 시도를 해 볼 수 있을까요?

3. 베이사이드커뮤니티교회는 아이들의 흥미와 이해를 돕기 위해 3단계로 나눈 영상 설교를 도입했습니다. 우리 교회학교에서 아이들의 눈높이에 맞는 예배를 위한 현실적인 대안은 무엇일까요?

4. 베이사이드커뮤니티교회는 드림 센터를 통해 지역 사회의 소외 계층과 다음세대를 돕고 있습니다. 우리 교회학교는 지역 사회의 필요를 섬기기 위해 어떤 섬김이나 활동을 할 수 있을까요?

# 7장

## 미국에서 바이블 스터디로 유명한 교회가 있어요!

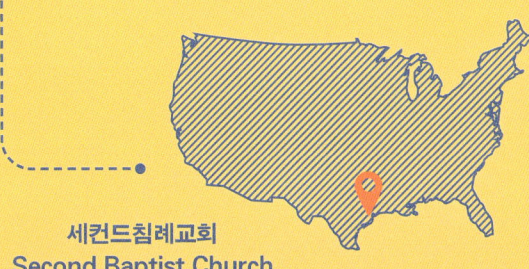

세컨드침례교회
Second Baptist Church

## 세컨드침례교회(Second Baptist Church)

웹사이트: second.org
주소: 6400 Woodway Dr, Houston, TX
담임목사: 벤 영(Ben Young)
교단: 남침례교(Baptist – Southern Baptist)
설립: 1927년
주일 평균 출석: 약 19,735명

### 박물관 교회

맨해튼 남쪽, 월스트리트와 브로드웨이가 만나는 지점에 고딕 양식의 오래된 교회가 있습니다. 1697년에 세워진 뉴욕에서 가장 오래된 교회이자 최초의 영국 성공회 교회인 '트리니티교회'Trinity Church 입니다.「내셔널 트레저」,「다빈치 코드」등 영화에도 등장해 많은 관광객들이 찾는 명소이기도 합니다.

트리니티교회는 국가가 지정한 역사 건축물이자 맨해튼의 상징적인 건축물로, 여러 차례 재건축 끝에 1846년에 현재 모습으로 완공되었습니다. 높이 86미터의 첨탑은 과거 뉴욕에서 가장 높은 건물이었으며, 외관 역시 화려한 장식과 웅장한 규모를 자랑합니다. 또한 교회 안에는 다양한 역사 유물도 보관되어 있어 작은 박물관에 견줄 만합니다.

▲ 트리니티교회 외관

▲ 트리니티교회 내부

   교회에서는 현재도 예배를 드리지만, 예배당 안은 예배자보다 관광객으로 가득 차 있을 때가 많습니다. 그 결과 트리니티교회는 예배, 교육, 교제, 봉사, 선교 등 교회의 본질적인 기능을 상당 부분 상실한 채, 문화유산 보존에만 신경을 쓰는 듯합니다. 결국 '살아 있는 교회'라기보다 '보존해야 할 유물'로 자리 잡은 것입니다.

   기독교 미래학자 레너드 스윗Leonard Sweet은 교회의 4단계 변화를 '선교적 교회 → 목회적 교회 → 현상 유지적 교회 → 박물관 교회'로 설명한 바 있습니다. 트리니티교회의 현재 모습은 마지막 단계인 '박물관 교회'에 가까운 듯해 안타까움을 주고 있습니다.

기독교 역사가 오래된 나라에 가면 마치 박물관처럼 변해 버린 교회를 쉽게 볼 수 있습니다. 미국에도 여러 박물관 교회가 생겨나고 있는데, 교회가 스스로 유지하고 발전하지 못하는 상황에 이르게 되면 결국 역사를 기념하는 장소나 관광 장소로 바뀌게 됩니다. 상징적인 의미조차 없다면 그냥 사라져 버리기도 합니다.

미국 교회를 탐방하는 동안 사명과 비전을 100년 이상 유지하며 성장해 가는 선교적·목회적 교회(레너드 스윗이 언급한 1, 2단계의 교회)는 거의 찾아볼 수 없었습니다. 많은 교회가 시간이 지나면서 교회의 존재 목적을 상실한 채 신앙공동체로서의 명맥조차도 유지하기 어려워 소멸되어 가는 모습이 뚜렷했습니다.

하지만 7장에서 살펴볼 텍사스주 휴스턴에 위치한 세컨드침례교회 Second Baptist Church 는 꿋꿋이 97년의 역사와 전통을 이어온 유서 깊은 교회입니다. 이 교회는 오랜 역사 가운데서도 여전히 성장하고 있으며, 지역 사회와 호흡하며 역동적으로 움직이고 있습니다. 변화하는 시대의 풍조 속에서도 세컨드침례교회가 쇠락하지 않고 오랜 역사를 유지할 수 있었던 이유는 무엇일까요?

### 세컨드침례교회에 가다

휴스턴은 텍사스주에서 가장 큰 도시이며 미국에서 네 번째로 인구가 많은 도시입니다. 이곳은 라틴계, 아시아계, 아프리카계 등 다

▲ 교회 로비

▲ 신축 중인 교회학교 건물

▲ 주일예배 모습

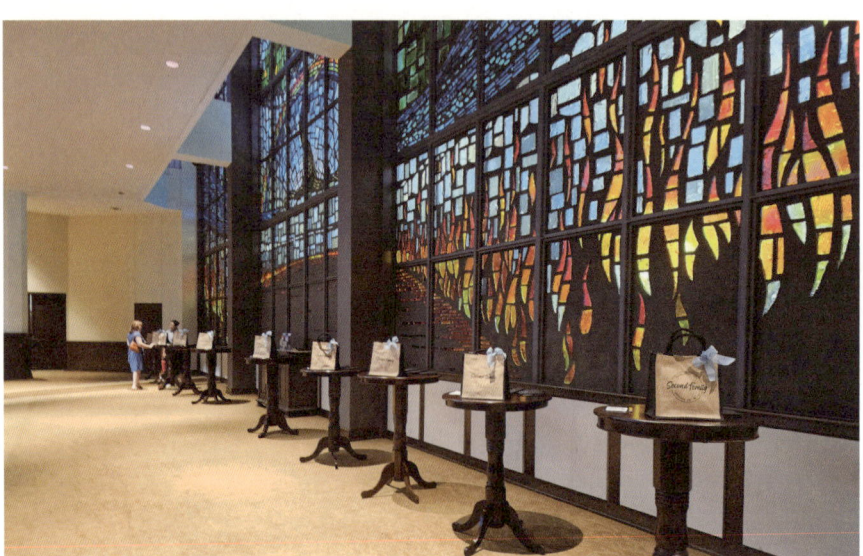
▲ 스테인드글라스 디자인

양한 문화와 인종적 배경을 가진 사람들이 함께 모여 살아갑니다. 이 도시는 미국 항공우주국 나사NASA의 존슨 우주센터가 위치한 곳으로, 미국의 우주 탐사와 달 착륙 임무를 주관하고 지원하는 시설도 있습니다.

세컨드침례교회는 1927년에 설립된 교회로, 제가 방문한 미국 교회 가운데 가장 오래된 역사를 지닌 교회였습니다. 그래서인지 건물 외벽에서부터 이미 오랜 역사와 전통에서 우러나오는 분위기를 느낄 수 있었습니다. 적갈색 벽돌 구조와 스테인드글라스로 디자인된 웅장한 예배당, 대형 파이프오르간은 이곳을 방문하는 이들의 시선을 첫 번째로 사로잡습니다. 그 안에서 드려지는 예배와 찬양은 건물과 어우러져 한층 더 경건한 울림을 주었습니다.

현재 교회는 벤 영Ben Young 목사님이 담임목사로 섬기고 있고, 온라인 캠퍼스를 포함해서 7개의 캠퍼스가 있습니다. 저는 메인 캠퍼스인 우드웨이Woodway 캠퍼스에 다녀왔습니다. 그곳에서 가정 사역 담당 목사로 섬기는 케일럽 서먼Caleb Thurman 목사님을 만나 시설을 둘러보고 교회학교 예배를 참관했습니다. 세컨드침례교회는 가정 사역 담당 목사님이 교회학교 부서까지 총괄하고 있는데, 이는 교회학교 사역보다 가정 신앙교육에 우선순위를 두고 있기 때문입니다. 이 교회는 교회학교의 프로그램도 결국 가정과 긴밀히 연결되도록 설계되어 있었고, 부모들이 신앙교육의 주체로서 역할을 감당할 수 있도록 세심한 지원을 아끼지 않는 모습이 인상적이었습니다.

▲ 교회학교 건물 로비

▲ 유아세례를 받은 학생들의 손도장

▲ 교회학교 자료 보관실

▲ 고학년 학생을 위한 게임기

### 부모님과 함께 드리는 주일예배

세컨드침례교회 교회학교는 학생들의 연령에 따라 미취학 어린이부는 너서리(Nursery, 0~2세), 갓스 가든(God's Garden, 3세), 기글(GiGL: Growing in God's Love, 4세 이상), 취학 어린이부는 점프(JUMP, 초등 1~4학년), 넥스트 레벨(NEXT LEVEL, 초등 5~6학년), 그리고 청소년부는 스튜던트STUDENTS로 총 6개의 부서로 나눕니다.

세컨드침례교회에서 가장 인상적인 부분은 초등학교 5학년부터는 부모님과 함께 성인예배를 드린다는 점입니다. 초등학교 5학년이 되면 충분히 성인예배 설교를 이해할 수 있고, 오히려 성인예배를 드리는 것이 아이들의 신앙에 더 유익하다고 판단했기 때문입니다. 미국 교회를 탐방하면서 많은 미국 교회의 청소년부가 청소년예배를 주중에 드리고 주일예배는 성인들과 함께 드리는 모습을 볼 수 있었습니다.

세대통합예배를 드리게 되면 또래 집단을 통해 얻는 효과와 장점을 살릴 수가 없고 개인마다 신앙 발달 단계가 다르다는 측면에서 비판을 받을 수도 있지만, 세컨드침례교회는 이러한 문제점을 보완하기 위해 주일에 세대별 모임을 추가로 만들었습니다. 그것이 바로 성경 공부 모임인 '바이블 스터디'Bible Study입니다. 이는 한국 교회의 제자훈련과 비슷한 개념으로 연령별로 나눠서 바이블 스터디 모임을 갖습니다. 이를 통해 학생들은 영적 성장의 기회를 제공받고, 또래 집단 안에서의 소그룹 활동을 통해 친밀한 교제를 나누게 됩니다.

▲ 초등 2학년 바이블 스터디

▲ 초등 5~6학년 바이블 스터디

### 성경 공부에 집중하는 교회

세컨드침례교회는 교회학교뿐만 아니라 성인들을 위해서도 많은 바이블 스터디를 진행하고 있습니다. 성인의 경우 예배 시간(9:30, 11:00)대에 맞춰서 약 40개의 바이블 스터디가 진행됩니다. 성도들은 예배 전후로 진행되는 바이블 스터디에 참여하게 되는데, 40여 개나 되는 바이블 스터디가 동시에 진행되는 공간이 있다는 점이 매우 특이하고 놀라웠습니다.

교회학교의 바이블 스터디는 4세부터 시작되는데, 성경 공부 중심의 예배를 한 번 더 드린다고 보면 됩니다. 어린이예배는 9시 30분에 단 한 번 있고, 바이블 스터디는 예배 전후로 두 번 있습니다. 거의 대부분의 학생들이 바이블 스터디에 참여합니다. 케일럽 서먼 목사님은 바이블 스터디에 집중하는 이유에 대해 다음과 같이 말합니다.

> "바이블 스터디는 모든 성도에게 더 나은 제자도와 영적 성장을 제공합니다. 성경은 삶의 지침을 제시하고 영적인 통찰력을 키워 줍니다. 많은 성도들이 바이블 스터디에 참여하여 하나님의 말씀을 더 깊이 이해하고, 믿음의 기초를 튼튼히 다지며, 영적인 지식과 지혜를 쌓을 수 있습니다. 특히 주일은 많은 성도들이 함께 모여 바이블 스터디를 하기 가장 좋은 날입니다. 바이블 스터디는 공동체와의 연결점도 만들어 줍니다. 그룹 형태로 진행되기에 서로 교제하고 말씀을 나누며 영적인 성장을 이룰 수 있습니다."

### 제자훈련의 중요성

제자훈련은 예수님의 삶과 가르침을 본받아 신앙을 체계적으로 성장시키는 과정입니다. 이를 통해 복음은 지식에 머무르지 않고 성품과 습관의 변화, 나아가 사역의 참여로 이어집니다. 예배가 하나님께 경배드리며 은혜를 받는 시간이라면, 제자훈련은 그 은혜를 삶 속에서 실천하도록 도와주는 시간입니다.

제임스 스미스 James K. A. Smith 는 『You Are What You Love』(Brazos Press, 2016)에서 예배는 '사랑의 습관을 재형성하는 가장 강력한 사회적, 영적 실천'이라고 주장합니다. 그러면서 예배가 의식으로 끝나지 않으려면, 교회공동체 내에서 제자도와 삶의 양육이 연결되어야 한다고 말합니다. 유진 피터슨 Eugene H.Peterson 도 『한 길 가는 순례자』 (IVP, 2001)에서 예배는 우리의 허기를 채워 주는 것이 아니라 하나님을 향한 갈망을 불러일으키고, 그 갈망이 우리 삶 속에서 제자도의 실천으로 나아가게 한다고 말합니다.

그레그 옥던 Greg Ogden 은 『세상을 잃은 제자도 세상을 얻는 제자도』(국제제자훈련원, 2007)에서 현대 교회가 다양한 프로그램을 진행하면서도 정작 개인의 신앙성숙과 공동체의 변화를 이끌어 내는 참 제자도가 부족한 것을 지적하면서 '삼인조 제자훈련' 모델을 통해 서로 깊이 있는 영적 교제와 성경 공부가 이뤄져야 한다고 강조했습니다. 상호 책임을 통해 기도, 말씀 묵상 등 영적 습관과 삶의 변화를 점검하고 격려함으로써 제자도의 실천이 지속될 수 있다는 것입니다.

세컨드침례교회가 한 세기에 가까운 역사와 전통을 지니고 있으면서도 계속해서 역동성을 유지할 수 있는 이유는, 바로 성경 공부를 통한 제자훈련이라는 생각이 듭니다. 제자훈련이야말로 교회의 활력 있는 변화를 만드는 핵심 동력이 되기 때문입니다.

### 97년 된 교회의 어린이예배

미취학 어린이들과 초등 1~4학년 어린이들은 각각 세대분리예배를 드립니다. 세컨드침례교회의 어린이예배는 밝고 경쾌하게 진행되는 찬양 율동 시간이 강렬하고 인상적이었습니다. 아마도 제가 방문한 미국 교회 가운데 가장 역동적인 어린이예배로 손꼽을 만큼 흥이 넘치는 어린이예배였습니다. 찬양 시간에 귀마개를 한 어린이들도 있었는데, 이는 큰 소리에 민감한 아이들을 위한 준비로, 교회의 세심한 배려를 엿볼 수 있었습니다.

또한 교사들은 성경 이야기를 효과적으로 전달하기 위해 매주 시트콤 형식의 드라마를 제작하여 공연합니다. 이때 강아지나 로봇 캐릭터를 등장시켜 아이들의 집중도를 높이고, 설교 주제에 따라 6-8주마다 무대 장식을 바꿉니다. 제가 방문했을 때는 '햇빛, 여름'이 주제라서 예배당 곳곳이 밝고 환한 바닷가 분위기로 꾸며졌습니다. 아이들이 성경 말씀을 즐겁게 배우면서 자연스럽게 복음에 다가가도록 돕기 위해 끊임없이 노력하는 모습이 참 감동적이었습니다.

▲ 초등 1~4학년 예배 모습

▲ 유치부예배 모습

### 변화를 주저하지 않는 전통 교회

오래된 교회일수록 과거의 영광에 집착하여 새로운 시도를 주저하고, 다음세대의 언어와 문화, 그들의 고민을 공감하지 못하게 됩니다. 결국 다음세대는 자연스레 교회를 떠나가게 되고, 다음세대의 유입마저 어려워집니다. 또한 교회 운영이 점점 내부 질서 유지에 머무르게 되면서 지역 사회가 필요로 하는 사역에도 둔감해지고, 지역과의 소통마저 끊어지게 됩니다.

세컨드침례교회도 97년의 역사를 지닌 전통적인 교회입니다. 하지만 복음 전파와 영혼 구원이라는 본질적 사명을 지키면서 시대의 변화에 발맞추고, 지역 사회와 호흡하기 위해 노력하고 있습니다. 지역 주민들을 위한 피트니스 센터, 카페, 어린이 실내 놀이터인 '세컨드 시티'Second City를 만들어 운영하며 지역 사회를 섬기고 있는 모습이 인상적이었습니다.

### 한국 교회 사례

우리나라에서도 대다수의 교회와 목회자가 제자훈련의 중요성을 인식하고 있습니다. 그러나 여전히 제자훈련을 필수가 아닌 선택 과정으로 운영하고 있어서 교회 전체가 제자훈련의 열매를 함께 누리기 어려운 구조입니다.

주일예배 전후로 바이블 스터디를 진행하여 전 성도들에게 제자

▲ 피트니스 센터

▲ 실내 놀이터 입구

▲ 실내 놀이터 내부

▲ 군산드림교회 청소년예배

    훈련을 받을 수 있도록 한 세컨드침례교회의 바이블 스터디는, 이러한 소수 정예식 제자훈련의 단점을 보완할 수 있는 일종의 대안이라고 생각합니다. 공간 활용이 자유로운 교회나 규모가 작은 교회라면 예배와 제자훈련을 동시에 운영하는 방법도 고민해 볼 만합니다.

    군산드림교회(임만호 담임목사)도 제자훈련에 집중하는 교회입니다. 군산드림교회는 소도시에서 교회학교를 부흥시킨 교회로 잘 알려져 있습니다. 교회학교의 성장 스토리가 담긴 책, 『아이들이 교회로 몰려온다』(생명의말씀사, 2017)로도 유명합니다. 군산드림교회는 성경 공부의 중요성을 인식하고 제자훈련을 통해 학생들을 철저히 양육하는 시스템을 구축해 왔습니다.

초등부에서는 6개의 제자훈련 과정으로, 학기마다 3개의 양육 과정이 진행됩니다. 청소년부에서는 6주 제자훈련 과정이 총 12개나 진행됩니다. 1년에 4회씩 총 3년 동안의 커리큘럼으로 제자훈련이 이뤄집니다. 1년 52주 가운데 무려 24주간 제자훈련이 진행되는 것입니다. 이러한 체계적인 운영 방식은 제자훈련을 형식적인 프로그램에 머무르게 하지 않고 다음세대 신앙성장을 위한 필수 과정으로 자리 잡아 가게 합니다. 제자훈련은 지속적이며 재생산이 가능한 구조로 성도 개인의 인격적 성장과 삶의 변화를 이끄는 도구가 되어야 합니다.

이런 점에서 세컨드침례교회의 사례와 군산드림교회의 사례는 한국 교회가 제자훈련을 더욱 효과적으로 운영하기 위해 참고할 만한 모델이 될 수 있습니다.

**나눔질문**

1. 세컨드침례교회는 바이블 스터디를 통해 제자훈련과 영적 성장을 강조합니다. 우리 교회학교에서 제자훈련을 효과적으로 진행하려면 어떤 방법이나 자료를 사용할 수 있을까요?

2. 세컨드침례교회는 초등학교 5학년부터 세대통합예배를 드리며, 이를 보완하기 위해 바이블 스터디를 진행합니다. 세대통합예배의 장점과 단점을 고려할 때, 우리 교회학교에서도 세대통합예배를 시도할 수 있을까요? 이를 효과적으로 운영하려면 어떤 준비가 필요할까요?

3. 세컨드침례교회의 어린이예배는 역동적이며 창의적인 요소를 활용합니다. 우리 교회학교 예배에서 아이들이 더 적극적으로 참여할 수 있는 요소를 추가한다면 어떤 것이 있을까요? 또한 아이들을 위한 세심한 준비로는 어떤 것이 있을까요?

4. 세컨드침례교회는 지역 주민을 위한 피트니스 센터, 카페, 실내 놀이터 등을 갖추고 지역 사회를 섬기며 소통을 이어 가고 있습니다. 우리 교회가 위치한 지역 사회의 필요는 무엇일까요? 그 필요를 채우기 위해 할 수 있는 현실적이고 지속 가능한 사역은 무엇이 있을까요?

# 8장

## 개발한 콘텐츠 자료를 무료로 나누는 교회가 있어요!

라이프교회
Life.Church

## 라이프교회(Life.Church)

웹사이트: life.church
주소: 4600 E. 2nd St. Edmond, OK
담임목사: 크레이그 그로쉘(Craig Groeschel)
교단: 복음주의 언약교회(ECC: Evangelical Covenant Church)
설립: 1996년
주일 평균 출석: 약 76,000명

**정보의 홍수 시대**

오늘날은 매일 엄청난 양의 정보가 쏟아져 나오는 정보의 홍수 시대입니다. 빅 데이터와 인공지능(AI)의 발전은 정보의 가치를 높였고, 나아가 정보는 국가의 경쟁력을 평가하는 중요한 요소가 되었습니다. 이러한 시대적 변화에서 교회 역시 예외는 아닙니다. 각 교회와 기관마다 수많은 데이터와 프로그램이 쏟아져 나오고 있습니다. 이를 잘 활용하면 교회 사역과 선교 사역에 큰 도움이 될 수 있습니다. 그래서 기독교 관련 데이터를 전문적으로 다루는 기관들이 생겨나고 있지만, 체계적으로 교회와 관련된 데이터를 수집하고 분석하여 교회와 성도들이 실질적으로 활용할 수 있도록 돕는 기관은 여전히 부족합니다.

문제는 재정과 기술의 한계입니다. 플랫폼 제작비, 운영비, 데이터

▲ 주일예배 모습

보관 비용에는 막대한 비용이 들고, 이를 관리할 인력도 필요하기 때문에 일부 대형 교회를 제외하고는 이러한 정보를 효과적으로 축척하고 활용하는 데 어려움을 겪습니다.

 그러므로 기독교 가치관을 바탕으로 범교단적인 연합과 연대가 필요해 보입니다. 재정과 인력을 모아 집중하지 않으면 시대적 변화의 흐름을 따라갈 수 없기 때문입니다. 현재 미국에는 기독교 관련 데이터들을 한데 모아 공유하고 보급하는 일에 앞장서는 교회가 있습니다. 바로 미국에서 가장 큰 교회인 라이프교회 Life.Church 입니다.

### 라이프교회에 가다

라이프교회는 미국의 중부 오클라호마주에 위치하고 있는데, 오클라호마주는 미국에서 가장 유명한 카우보이 문화의 중심지입니다. 지금도 이곳에는 수많은 카우보이들이 과거의 향수 속에서 살아가고 있어서 제가 교회에 방문했을 때에도 카우보이 복장과 모자를 쓴 성도들을 만날 수 있었습니다.

라이프교회는 2023년 기준으로 미국에서 가장 많은 성도들이 모이는 교회입니다. 라이프교회는 1996년 크레이그 그로쉘Craig Groeschel 목사님이 작은 차고에서 개척한 교회로, 현재는 무려 45개의 캠퍼스(23년 7월 기준)와 약 76,000명의 성도가 모이는 교회로 성장했습니다.

이렇게 많은 성도들이 출석하는 라이프교회는 교회 건물이 다른

▲ 주일 무료 커피 나눔

대형 교회들에 비해 그리 크지 않습니다. 라이프교회는 교회의 초대형화에 대한 단점을 명확히 인식하고 교회 건물을 크게 짓지 않는다고 합니다. 인원이 너무 많이 모이면 관리도 힘들 뿐더러 성도들을 목양하는 데에도 어려움을 겪습니다. 그래서 라이프교회는 중형 규모의 캠퍼스를 여러 지역에 세워 가는 이른바 멀티 사이트 교회를 지향하며 지역 사회의 필요에 밀접하게 다가가기 위해 노력하고 있습니다.

이처럼 라이프교회는 초대형 교회이지만, 방대한 사역보다는 양질의 콘텐츠를 제작하는 사역에 집중하고 있습니다. 또한 다양한 목회적 콘텐츠를 모아 지역 교회와 사회에 무료로 나누고 있습니다.

### 라이프교회 교회학교

저는 라이프교회 본부가 있는 에드먼드 캠퍼스에 다녀왔습니다. 라이프교회 리소스팀에서 운영 책임자로 섬기는 크리스티 볼 Kristi Ball 목사님과 '라이프 키즈' Life Kids 를 담당하는 카일 린 Kyle Linn 목사님을 만나 라이프교회 어린이예배를 참관하고 교회를 둘러보았습니다. 라이프교회 교회학교는 어린이부인 라이프 키즈와 청소년부인 '스위치' Switch 로 나눠지는데, 교회에서 직접 교재를 개발하고 제작합니다. 모든 캠퍼스의 예배가 통일된 커리큘럼과 큐시트에 따라 진행됩니다. 특히 교회학교 자료를 '오픈 네트워크' Open Network 라고 불리

▲ 라이프 키즈 건물 로비

▲ 라이프 키즈 건물 복도

▲ 어린이예배 모습 1

▲ 어린이예배 모습 2

는 자료 공유 플랫폼에 업로드하여 무료로 배포하고 있습니다. 오픈 네트워크는 선교지나 작은 교회에서 활용할 수 있는 빅 데이터 플랫폼입니다. 이 네트워크에는 교회학교뿐만 아니라 성인예배와 양육에 관련된 모든 자료가 저장되어 있고 누구나 내려받을 수 있습니다.

▲ 슈퍼마리오 세트장으로 꾸민 '영화에서'라는 전도 축제

라이프교회는 매년 여름 4주간 '영화에서'At the Movies라는 이름으로 전도 축제를 진행합니다. 이 기간에는 교회를 영화 세트로 꾸미는데, 제가 방문한 날이 바로 영화 세트를 꾸민 첫 주일이었습니다. 2023년의 주제는 '슈퍼마리오'였습니다. 이 기간에는 주제 영화를 편집한 영상 클립으로 설교를 하는데, 이는 믿지 않는 사람들을 교회로 초대해 전도하기 위한 프로그램의 일환입니다.

### 지역 교회를 위한 나눔

빅 데이터는 기업의 성장을 견인해 온 핵심 동력입니다. 넷플릭스, 아마존, 우버와 같은 기업은 빅 데이터를 기반으로 맞춤형 서비스와 지속적인 혁신으로 세계적인 기업으로 성장했습니다. 교회 역시 빅 데이터를 잘 활용하면 복음을 더 널리 전하고 성도들의 신앙여정을 세심하게 도울 수 있는데, 이를 잘 보여 주는 교회가 바로 라이프교회입니다. 라이프교회는 '오픈 네트워크'Open Network와 '유버전 포 처치스'YouVersion for Churches, 두 가지 버전의 플랫폼을 통해 전 세계 교회에 무료로 자료를 나누고 있습니다.

라이프교회는 '케피탈 씨'Capital C, 즉 전 세계적인 교회를 지향합니다. 이는 전 세계 기독교인들이 하나의 큰 교회를 이루고 있다는 것을 의미합니다. 단일 교회가 전 세계 모든 사람에게 다가갈 수는 없습니다. 하지만 라이프교회는 전 세계에 흩어진 모든 교회가 함께 협력할 때 복음을 세상 끝까지 전파할 수 있다는 비전을 품고 있습니다.

### 오픈 네트워크

'오픈 네트워크'https://open.life.church는 라이프교회가 전 세계 교회에 무료로 제공하는 디지털 리소스 플랫폼입니다. 여기서 주목할 부분은 콘텐츠 무료 배포 사역을 라이프교회 홀로 감당하는 것이 아니라 협력 교회 및 단체와 함께 운영하고 있다는 점입니다. 많은 교회와 기관이 오픈 네트워크 플랫폼을 통해 그들의 콘텐츠를 무료로 공유하고 있는데, 제가 방문한 하이랜드교회, 뉴스프링교회, 크라이스트처치오브더밸리, 노스포인트교회, 엘리베이션교회와도 협력하고 있습니다.

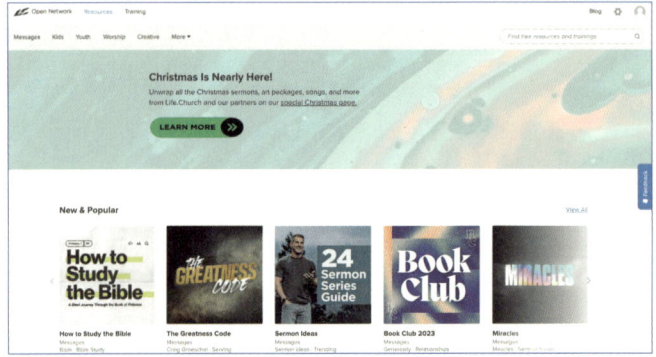

▲ 오픈 네트워크 홈페이지

▲ 오픈 네트워크 협력 교회 및 기관

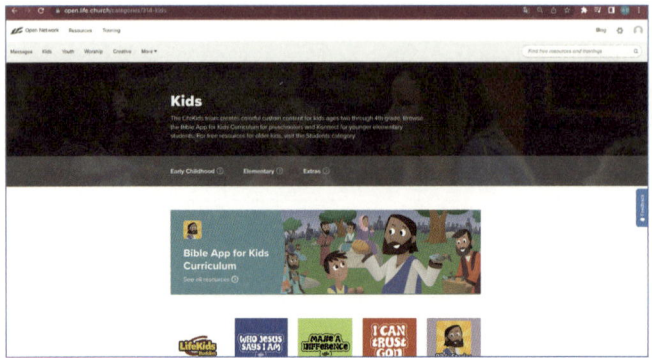

▲ 오픈 네트워크 키즈

오픈 네트워크에는 설교 영상, 설교 개요, 양육 자료, 예배 음악, 편집 가능한 그래픽 자료가 공유되어 있습니다. 그뿐만 아니라 교회학교에서 필요한 어린이예배 자료, 성경 스토리 영상, 소그룹 나눔 자료, 교사용 자료, 가정 양육 자료, 편집이 가능한 그래픽 자료 등이 있습니다. 단일 콘텐츠만 있는 게 아니라 여러 교회의 자료가 지속적으로 업데이트 되기 때문에 선택의 폭이 비교적 넓다고 할 수 있습니다. 지역 교회가 이 자료를 활용하여 복음 전파와 제자 양육에 도움을 받을 수 있도록 영상 활용에 관한 안내문과 교재, 디자인까지 공유합니다.

수많은 교회가 연합하여 교회를 위한 콘텐츠 개발에 힘쓰는 모습이 놀라웠고 인상적이었습니다. 크리스티 목사님은 다음과 같이 말합니다.

> "어떤 지역 교회도 모든 사람에게 다가갈 수는 없습니다. 대신 전 세계에 있는 그리스도의 몸(교회)이 함께 일할 때, 우리는 비로소 세상 구석구석에 다가갈 수 있습니다. 우리는 사람들이 그리스도의 헌신적인 제자가 되도록 이끄는 지역 목사 및 교회 지도자들과 협력하기 원합니다. 이것이 라이프교회의 오픈 네트워크가 존재하는 이유입니다. 이 오픈 네트워크를 통해 모든 교회가 우리의 교육 자료, 앱 전체 라이브러리를 무료로 제공받아 활용하며 함께 성장할 수 있는 활기찬 온라인 커뮤니티를 만들어 왔습니다."

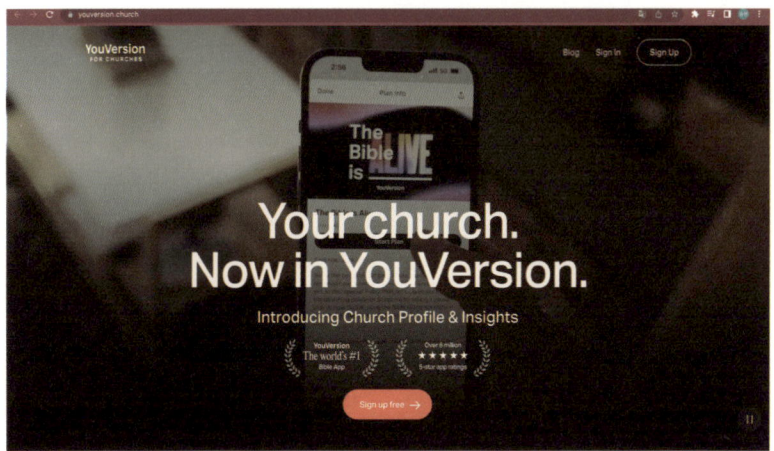

▲ 유버전 포 처치스 홈페이지

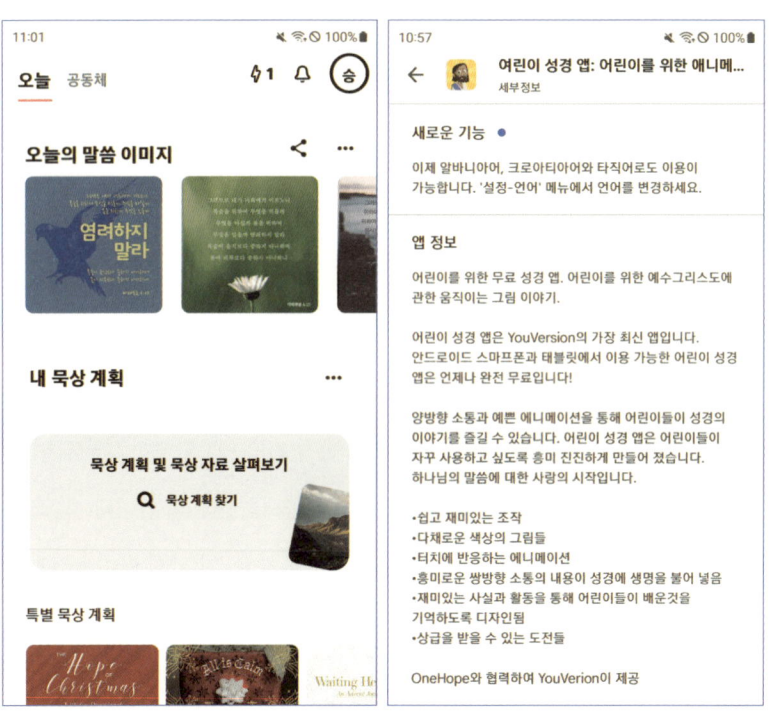

▲ 유버전 앱                    ▲ 바이블 앱 포 키즈

교회학교를 리셋하라

### 교회를 위한 유버전 포 처치스

교회를 위한 유버전 포 처치스는 성경 묵상 앱인 유버전 앱을 중심으로 교회들이 디지털 기술을 활용해 성도들과 더 깊게 연결될 수 있도록 설계된 플랫폼입니다. 이는 클라우드와 빅 데이터를 통해 교회가 개인화된 목회를 구현할 수 있는 강력한 도구를 제공합니다.

교세, 헌금, 사역, 섬김 등 교회의 데이터를 추적하여 확인할 수 있도록 돕는 플랫폼인 '처치 매트릭스'Church Metrics와 온라인 교회를 따로 운영할 수 있도록 하는 '처치 온라인 플랫폼'Church Online Platform, 어린이 성경 앱인 '바이블 앱 포 키즈'Bible App for Kids가 있습니다. 게다가 유버전 사역의 핵심인 유버전 앱에는 보다 세밀한 성경 읽기와 묵상을 돕기 위해 약 3,000개 버전의 성경과 약 2,000개 언어로 번역된 성경을 제공하고 있습니다.

전 세계 소수 민족까지 성경을 읽고 묵상에 동참할 수 있도록 지속적으로 번역 작업과 프로그램 업그레이드에 힘쓰고 있습니다. 무엇보다도 교회를 위한 유버전 사역도 오픈 네트워크처럼 수익을 목표로 한 플랫폼이 아니라 지역 교회가 성도들을 목양하고 양육할 수 있도록 돕는 데 그 목적을 두고 있습니다. 그래서 이 모든 플랫폼을 이용하는 것이 무료입니다.

현재 유버전에는 약 25,000개가 넘는 묵상 계획이 준비되어 있고, 각 교회마다 프로필을 만들어서 교회 상황에 맞게 성경 공부 모임을 개설해 나갈 수 있습니다. 한국어 서비스도 준비가 잘 되어 있습니

▲ 센트럴 오피스 복도

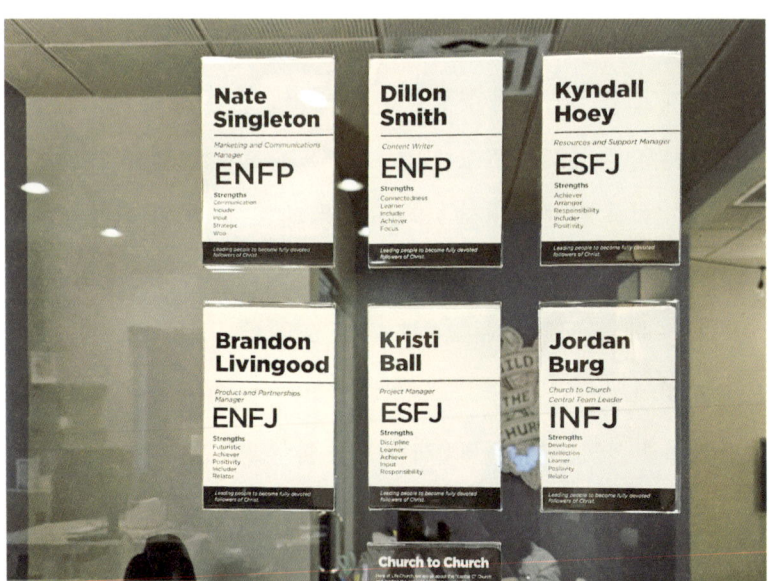

▲ 센트럴 오피스 팀원 MBTI

다. 라이프교회만을 위한 기독교 커뮤니티가 아니라 지역 교회와 세계 교회가 모두 활용할 수 있는 선교 시스템인 것입니다.

### 센트럴 오피스

'센트럴 오피스'Central Office는 라이프교회의 모든 리소스가 제작되고 플랫폼이 관리되는 곳으로 교회의 중추 역할을 하는 공간입니다. 이곳에서는 무료 자료 플랫폼인 오픈 네트워크와 성경 묵상 앱인 유버전이 운영되고 있습니다.

라이프교회는 지역 교회를 세우고 돕는 이 사역을 위해 센트럴 오피스에만 600여 명의 직원을 두고 있으며, 이들의 인건비와 콘텐츠 제작에 필요한 모든 비용을 감당하며 사역을 이어 가고 있습니다. 이 사역을 위해 전 세계 교회와 성도들이 꾸준히 기부하고 있으며 개척 이래로 한 번도 재정이 마이너스가 된 적이 없다고 합니다. 이는 전 세계 교회를 돕기 위한 거대한 비전에 많은 지역 교회와 성도들이 헌금으로 지원하고 있음을 보여 줍니다.

라이프교회는 효율적인 업무 진행을 위해 센트럴 오피스를 통유리로 설계했다고 합니다. 사역팀이 구분되어 폐쇄적으로 운영되기 보다는 팀 간의 연합과 협력을 중요하게 생각하는 목회 철학이 건물의 설계와 구조에도 담겨 있었습니다. 또한 각 사무 공간의 유리문에는 원활한 소통과 서로 간의 장단점을 미리 파악할 수 있다는 의미로 팀원의 이름은 물론 MBTI까지 적혀 있습니다.

## 잘하는 사역에 집중하다

라이프교회 교회학교에서는 자체적으로 여름 캠프를 진행하지 않습니다. 라이프 키즈를 섬기는 카일 목사님은 라이프교회가 여름 캠프를 진행하지 않는 이유에 대해 다음과 같이 말합니다.

> "우리는 모든 것을 다 해낼 수 있다고 생각하지 않습니다. 대신 우리는 우리가 감당할 수 있는 부분에 최선을 다합니다. 우리가 감당하지 못하는 사역은 협력 교회나 단체를 통해 해결할 수 있습니다."

라이프교회는 자신들이 감당할 수 있는 사역에 집중합니다. 이것이 지역 교회를 위한 오픈 네트워크 사역과 유버전 포 처치스 사역을 감당해 내는 원동력이라는 생각이 듭니다. 그들은 전도 축제인 '영화에서'를 진행하는 동안 여름 캠프까지 감당할 여력이 없다는 것을 알고 있기 때문에 여름 캠프 사역을 포기했습니다. 그 대신 여름 캠프 참여를 원하는 성도들을 위해 사역 단체를 소개해 주고 연결해 줍니다.

대부분의 교회에서는 사역자들이 이른바 슈퍼맨이 되길 원합니다. 하지만 하나님이 각자에게 주신 은사와 달란트를 잘 살리기 위해 노력하는 것이 더 중요합니다. 사역의 과부하는 목회자에게도 성도에게도 결코 좋지 않습니다. 교회가 서로 연합하여 사역을 나누고 공유하는 생태계를 만들어 간다면, 보다 긍정적인 효과를 만들어 낼 수 있을 것입니다.

### 한국 교회 사례 ①

이제 한국 교회도 '팀 사역'과 '팀 목회'라는 시대적 흐름에 주목해야 합니다. 건강한 사역팀은 수직적 명령 구조보다 수평적 동역과 연합, 네트워크를 통해 세워집니다. 그렇게 될 때 자율성과 주도성을 지닌 유능한 젊은 목회자들이 일어나고, 교회는 더 역동적으로 나아갈 수 있을 것입니다.

우리나라에서도 라이프교회의 사역과 유사한 사례를 찾아볼 수 있습니다. 대표적인 실례가 바로 기독교 방송 CGN에서 만든 '퐁당' 플랫폼입니다. 퐁당은 대한민국 최초의 기독교 OTT 플랫폼으로, '흘러넘치다, 빠져들다'라는 뜻을 가진 프랑스어 'fondant'에서 유래한 이름입니다. 이 플랫폼은 온 세상으로 복음을 흘려보내기 위한 목적으로 시작되었습니다.

퐁당은 기독교계의 유튜브를 꿈꾸며 이단, 광고, 유해 콘텐츠가 없는 순수 복음 콘텐츠 플랫폼이 되기 위해 검증된 양질의 복음 콘텐츠를 제공하고 있습니다. 그뿐만 아니라 균형 있는 신앙성장을 위해

AI를 활용하는 등 개인별로 맞춤형 콘텐츠를 추천합니다. 또한 각 교회의 상황에 따른 커리큘럼을 구성할 수 있도록 돕고, 학적 관리 서비스 및 온라인예배 라이브 기능도 제공하고 있습니다.

2023년 퐁당 미디어 콘퍼런스에서 온누리교회를 담임하는 이재훈 목사님은 기독교 콘텐츠의 중요성을 강조하며 '넷플릭스를 이기는 교회의 4C 전략'을 소개했습니다. 이재훈 목사님은 "기독교 콘텐츠를 클라우드에서 공유하고, 교회공동체는 성도를 돌보는 일에 집중하자."고 제안했습니다.

이러한 접근 방식은 단순한 효율성의 문제가 아니라 교회가 함께 협력하여 하나 된 공동체로서의 역할을 감당할 수 있도록 돕는 중요한 전략입니다.

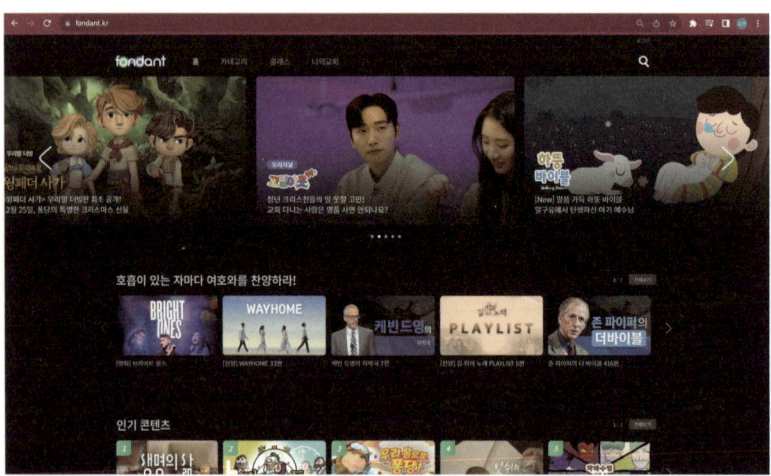

▲ 퐁당 홈페이지

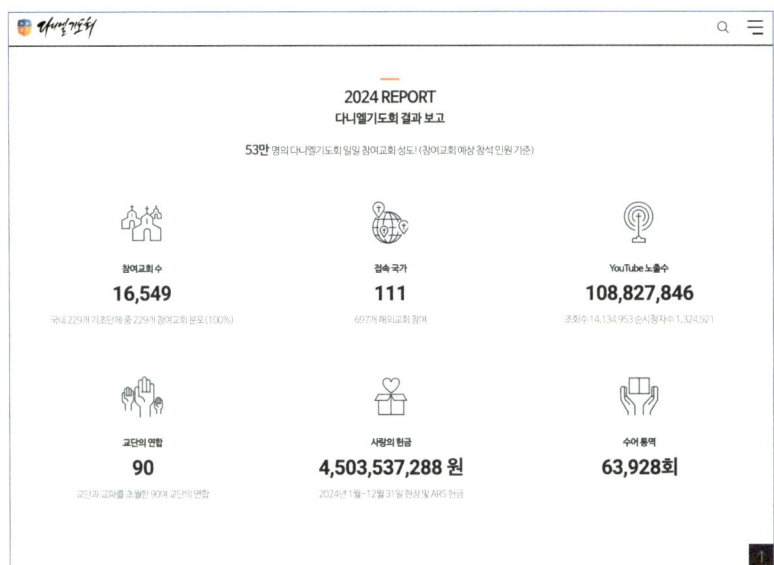

▲ 숫자로 보는 다니엘기도회

### 한국 교회 사례 ②

또 다른 사례는 오륜교회의 '다니엘기도회'입니다. 다니엘기도회는 1998년에 오륜교회 자체 기도 모임으로 시작했지만, 2013년부터는 한국 교회와 함께하며 이제는 전 세계 교회가 동참하는 기도회로 확장되었습니다. 현재 약 90개 교단, 약 16,000개 교회, 50여만 명 이상이 다니엘기도회를 온·오프라인으로 참여하고 있습니다. 사실 작은 교회에서는 유명 강사를 초청해 3주간 기도회를 이어 가기가 쉽지 않습니다. 이를 알기에 오륜교회는 지역 교회와 개척교회를 지원하고 돕기 위해 다니엘기도회를 오륜교회만이 아닌 한국 교회를 위한 기도회로 바꾸었습니다. 다니엘기도회에서 드린 사랑의 헌금은 2024년 기준 약 45억으로, 지역 사회와 도움이 필요한 이웃, 다문화 가정, 농어촌 미자립교회 목회자와 선교사를 위해 사용했습니다. 대형 교회가 지역 교회를 섬길 때 파급력이 얼마나 커질 수 있는지를 보여 주는 예입니다.

오늘날 교회는 세상과 소통하고 복음을 전하기 위해 더욱 창의적인 접근이 필요합니다. 라이프교회의 'Capital C' 비전과 CGN의 '퐁당' 플랫폼, 그리고 오륜교회의 '다니엘기도회'는 교회가 연합하여 하나님의 나라를 확장하는 새로운 가능성을 보여 주고 있습니다. 이렇듯 콘텐츠 공유 플랫폼을 통해 지역 교회가 연합하고 힘을 모은다면 복음의 메시지를 더욱 효과적으로 전달할 수 있으며, 교회가 세상 속에서 더욱 강력한 영향력을 발휘할 수 있을 것입니다. 지금이야말로 교회가 각자의 울타리를 넘어서 함께 협력하고 기술과 미디어를 적극 활용하여 세상과 소통해야 할 때입니다.

### 나눔질문

1. 라이프교회는 오픈 네트워크를 통해 교회학교 자료와 사역 콘텐츠를 무료로 공유하며 다른 교회들과 협력하고 있습니다. 우리 교회학교도 콘텐츠 공유나 협력을 통해 다른 교회나 지역 사회에 어떤 도움을 줄 수 있을까요? 또는 어떤 자료나 도움을 요청할 수 있을까요?

2. 라이프교회는 전도 축제 기간에 영화를 활용한 예배 '영화에서'를 통해 전도의 문을 열고 있습니다. 우리 교회학교도 효과적인 전도 프로그램을 만들기 위해 어떤 시도나 접근법을 적용할 수 있을까요?

3. 라이프교회는 센트럴 오피스 사무실을 통유리로 설계하고 직원들의 MBTI를 공유하는 노력을 통해 부서 간 협력과 소통을 강조하고 있습니다. 우리도 부서 또는 교회학교 내에서 교사들 간 협력을 강화하고 원활한 소통을 이루기 위해 어떤 노력을 할 수 있을까요?

4. 라이프교회는 모든 사역을 다 감당하려고 하지 않고 자신들이 더 잘 할 수 있는 분야(콘텐츠 제작과 무료 배포)에 집중하고 있습니다. 우리 교회학교에서 잘할 수 있는 분야는 무엇일까요? 잘할 수 있는 분야에 집중하기 위해 무엇을 우선적으로 고민해야 할까요?

9장

# 달란트 시장, 지금도 열리는 교회가 있어요

게이트웨이교회
Gateway Church

## 게이트웨이교회(Gateway Church)

웹사이트: gatewaypeople.com
주소: 700 Blessed Way, Southlake, TX
담임목사: 다니엘 플로이드(Daniel Floyd)
교단: 초교파
설립: 2000년
주일 평균 출석: 약 28,766명

### 달란트 시장의 추억

제가 어린 시절 달란트 잔치가 열리는 날이면 예배당은 화려한 장식으로 꾸며지고, 테이블에는 시골 마을에서 쉽게 구할 수 없는 상품들이 진열되었습니다. 장난감, 학용품, 평소에 갖고 싶던 책과 게임기까지 다양한 물건들을 열심히 모은 달란트로 살 수 있었습니다. 어린 시절 달란트 잔치는 제게 특별한 추억으로 남아 있습니다.

달란트 시장은 단순한 놀이가 아니라 노력과 성실함의 가치를 가르칩니다. 또한 또래 친구들과 함께 웃고 떠들며 물건을 고르는 과정에서 협력과 배려, 그리고 기쁨을 나누는 법도 배워 나갑니다. 이제 어른이 된 지금, 제가 어린 시절 경험한 달란트 잔치의 사랑과 배려는 가슴 한편에 오롯이 남아 있습니다.

하지만 여전히 예전과 같은 방식으로 달란트 잔치가 진행되고 있다는 사실은 조금 아쉽게 느껴집니다. 사회가 급변하면서 아이들은 교회 안팎에서 다양한 경험과 정보에 노출됩니다. 그런 아이들에게 더 매력적이고 의미 있게 다가서기 위해서는 달란트 잔치의 운영 방식과 프로그램 내용을 시대 흐름에 맞춰 재정비할 필요가 있어 보입니다. 그런 의미에서 9장에서는 게이트웨이교회 Gateway Church를 소개하려 합니다.

### 게이트웨이교회에 가다

텍사스주 댈러스 인근에 있는 도시 사우스레이크에는 게이트웨이교회 사우스레이크 캠퍼스가 있습니다. 사우스레이크는 텍사스주 중부에 위치한 도시로, 주변에 호수와 공원이 많고 곳곳에는 넓은 녹지 지대가 있어서 하이킹, 자전거 타기, 피크닉을 즐기는 사람들이 많습니다. 특히 바로 옆에 위치한 댈러스는 미국에서 우수한 교육 시스템을 가진 곳으로 유명하며 많은 한인들이 거주하는 지역이기도 합니다.

게이트웨이교회는 한때 미국에서 가장 큰 교회였습니다. 그래서 우리나라에도 널리 알려진 미국 교회입니다. 특히 이 교회는 워십팀으로 유명한데, 과거 우리나라에 내한하여 워십 콘퍼런스도 개최했습니다. 게이트웨이교회에는 9개의 캠퍼스가 있고, 주일뿐만 아니라 토요일에도 예배가 있습니다. 특히 메인 캠퍼스인 사우스레이크 캠

▲ 최근에 세워진 프리스코 캠퍼스 전경

▲ 주일예배 모습

▲ 교회 로비

퍼스에는 화요일부터 주일까지 예배가 있습니다. 평일에도 예배가 이어져 캠퍼스 곳곳이 늘 예배의 열기로 가득하다고 합니다. 그중 성도들이 가장 많이 참석하는 예배는 토요일 예배입니다. 주일이 아닌 토요일 예배에 가장 많은 성도들이 모이는 점이 인상적이었습니다.

저는 메인 캠퍼스인 사우스레이크 캠퍼스와 최근에 세워진 프리스코 Frisco 캠퍼스에 방문하여 '게이트웨이 키즈' Gateway Kids를 섬기는 조이 쉴리 Joy Schilli와 레다 루퍼트 Leda Rupert 목사님의 안내를 받아 건물 투어와 어린이예배를 참관했습니다.

### 게이트웨이교회 교회학교

게이트웨이교회 교회학교는 어린이부인 게이트웨이 키즈와 청소년부인 '게이트웨이 스튜던트' Gateway Students로 나뉩니다. 게이트웨이교회 사우스레이크 캠퍼스는 2장에서 살펴본 크라이스트펠로우십교회처럼 어린이예배 공간이 '하나님의 놀라운 공원' God's Amazement park이라는 테마파크 콘셉트로 디자인되어 있습니다. 교회학교 시설 내부로 들어서면 아이들을 위해 시설 투자를 많이 했다는 느낌을 단번에 받을 수 있습니다. 실내 놀이터를 비롯하여 다양한 게임, 놀이, 스포츠 시설을 설치하여 아이들이 교회 안에 머물며 다양하게 즐길 수 있도록 준비했습니다. 게이트웨이 키즈를 섬기는 레다 목사님은 다음과 같이 말합니다.

▲ 사우스레이크 캠퍼스 게이트웨이 키즈 건물

▲ 프리스코 캠퍼스 게이트웨이 키즈 건물

> "우리는 아이들이 하나님에 대해 배우는 동안 재미있게 놀기를 바랍니다. 개척 초기에는 지금처럼 재미있는 시설이 없었습니다. 하지만 교회를 아이들이 하나님에 대해 배우는 재미있는 공간으로 만들고 싶은 비전이 있었기에 지금의 모습은 지난 24년 동안 변함없이 이어져 왔습니다."

게이트웨이 키즈의 미취학부는 훌륭한 비품 관리 시스템도 갖추고 있습니다. 예배 공간에는 아이들을 위한 장난감, 인형 등이 준비되어 있는데, 예배 후에 사용했던 장난감이 잘 정돈될 수 있도록 교사들은 미리 세팅된 장면을 사진으로 찍어 두고 매번 동일한 세팅으로 정리합니다. 영아부예배 중 봉사자들이 아이들의 기저귀 상태를 확인하고 교체 상황을 볼 수 있도록 아이의 이름표에 스티커를 붙여 주는 모습도 매우 인상적입니다.

게이트웨이교회에는 주차장에서 교회 건물까지 아이들을 이동시키기 위한 특별한 전용 카트가 마련되어 있습니다. 아이가 있는 가정의 차량이 주차장에 도착하면 카트가 아이들을 태우고 어린이예배 건물로 이동하게 됩니다. 많은 봉사자들이 이 카트 봉사에 참여하고 있었는데, 정겹게 맞이하는 그들의 모습에서 아이들을 향한 관심과 사랑이 물씬 느껴졌습니다. 아이 한 명 한 명이 소중하게 존중받고 있다는 걸 느끼는 순간이었으며, 이런 세심한 보살핌이 아이들의 마음에 편안함과 안정감을 심어 준다는 것을 확인할 수 있었습니다.

▲ 게이트웨이 키즈 예배당 청소 및 관리 규정

▲ 예배를 마치고 정리된 게이트웨이 키즈 예배당

▲ 실내 놀이터

▲ 게이트웨이 키즈 예배당 놀이 시설 1

▲ 게이트웨이 키즈 예배당 놀이 시설 2

▲ 게이트웨이 키즈 예배당 놀이 시설 3

### 미국식 달란트 잔치

게이트웨이 키즈는 자체 커리큘럼을 제작하여 사용하고 있습니다. 1년에 10개 주제로 된 커리큘럼은 온라인 플랫폼을 통해 무료로 배포되고 있습니다. 앞서 살펴본 라이프교회처럼 교회 자원을 공유하는 모습이 인상적입니다. 게이트웨이 키즈에서는 주제가 바뀔 때마다 2주에 걸쳐 '바이블 게임즈'Bible Games라는 프로그램도 진행합니다. 바이블 게임즈는 한 주제를 마칠 때마다 진행하는 프로그램으로, 그동안 배운 말씀을 게임과 퀴즈를 통해 복습하는 시간입니다.

바이블 게임즈 시간에는 아이들에게 달란트가 지급됩니다. 아이들은 예배 태도와 참여도, 전도, 게임, 성경 퀴즈 참여 등 다양한 방법으로 달란트를 지급받습니다. 그리고 그 달란트를 모아 자신이 원하는 상품을 사게 됩니다. 게이트웨이교회에서는 아이들이 달란트를 모아 자신이 원하는 상품을 살 수 있도록 매점을 만들어 운영하고 있

▲ 달란트 교환 매점

▲ 달란트 쿠폰

습니다. 매점은 한 달에 단 이틀간만 열리기 때문에 아이들은 이날을 손꼽아 기다립니다. 매점 안에는 아이들이 관심을 가질 만한 무선 이어폰, 전자제품, 어린이용 장난감, 인형, 과자류 등 다양한 상품이 준비되어 있습니다.

### 바이블 게임즈

바이블 게임즈는 두 팀이 대항하는 공동체 게임과 성경 퀴즈로 구성되어 있습니다. 게임에서 승리하거나 퀴즈를 맞히면 달란트 쿠폰을 받게 되는데, 게임 사이사이에 팀별 응원가를 부르는 응원전이 진행되어 게임의 재미와 긴장감을 더해 줍니다. 레다 목사님은 다음과 같이 말합니다.

> "바이블 게임즈는 주일에 배운 내용을 재미있게 복습하기 위해 고안된 프로그램입니다. 우리는 '즐겁게, 그리고 하나님에 관하여 배운다.'라는 비전을 가지고 있습니다. 바이블 게임즈는 우리의 비전을 이루고 강화시키는 데 중요한 역할을 하는 도구입니다. 바이블 게임즈는 성경암송 및 퀴즈에 재미와 경쟁 요소를 더해 아이들과 부모에게 교회가 즐거움을 주는 곳임을 경험하게 합니다. 바이블 게임즈는 매년 4~5회 진행되며, 지난 설교를 요약하고 복습하는 역할을 합니다."

▲ 바이블 게임즈의 의자 배치

▲ 바이블 게임즈의 모습

바이블 게임즈는 모든 아이들이 게임에 참여할 수 있도록 특별히 고안된 프로그램으로, 무엇보다도 아이들의 눈높이를 중시합니다. 그래서 이 게임에서는 개인의 탁월한 실력보다는 팀워크가 필요하며, 게임을 통해 아이들은 협력과 함께함의 가치에 대해 배우게 됩니다.

### 평신도 유급 자원봉사자

바이블 게임즈를 진행하기 위해서는 사전에 많은 준비와 인력이 필요합니다. 박진감 넘치는 진행과 다양한 게임 도구들을 준비하는 데에는 많은 시간이 소요되기 때문에 게이트웨이교회는 '유급 자원봉사 제도'를 운영하고 있습니다. 교사는 사례를 받는 교사와 사례를 받지 않는 교사로 구분되고, 이 둘은 섬기는 시간의 양에 차이가 있습니다.

사례를 받는 교사는 주중과 주말에 있는 모든 어린이예배와 준비 모임(주당 평균 3일)을 섬겨야 합니다. 방문 당시 사우스레이크 캠퍼스에는 150여 명, 프리스코 캠퍼스에는 35명의 유급 자원봉사자가 있었습니다. 봉사자는 대부분이 고등학생과 대학생이었습니다.

이러한 유급 봉사 제도는 교사들이 책임감을 가지고 맡은 일을 감당하게 합니다. 게다가 재정적으로 어려움을 겪는 다음세대에게 교회가 일할 수 있는 환경과 여건을 제공해 준다는 장점이 있습니다.

하지만 반대로 사례를 받지 않는 일반 봉사자의 섬김을 축소시키고 교회는 인건비 부담이 커지는 단점도 있습니다. 그럼에도 불구하고 게이트웨이교회가 유급 봉사 제도를 공식적으로 허용한 데에는 나름의 이유가 있습니다. 먼저, 교사들이 책임감을 가지고 맡은 사역을 섬길 수 있도록 하기 위함입니다. 둘째로, 금전적으로 어려움을 겪는 고등학생과 대학생들에게 실제적인 도움을 주기 위함입니다.

유급 봉사자를 고용하는 사례는 조심스러운 면도 분명히 있습니다. 실제로 게이트웨이교회에서는 무급 자원봉사자를 구하는 일이 어렵다고 합니다. 유급과 무급 자원봉사자를 구분하는 기준이 모호하기 때문입니다. 대부분의 자원봉사자가 유급 자원봉사로 섬기기 원하지만 교회의 재정 여건이 모든 것을 감당할 수 없습니다. 그래서 자원 봉사자의 숫자가 절대적으로 부족하기 때문에 소그룹 모임을 하지 않는다고 합니다.

## 평신도 사역의 확대

목회데이터연구소가 2023년 5월에 발표한 '2024 한국 교회 트렌드 조사'에 따르면, 최근 교회들이 교육전도사를 구하기가 매우 어렵다고 합니다.

그 배경에는 여러 요인이 있습니다. 먼저 저출산으로 대학 정원이 줄어들면서 신학대 입학생 수가 감소했고, 결과적으로 교육전도사

인력도 감소하게 되었습니다. 또한 낮은 사례비 역시 큰 문제입니다. 적은 보수 때문에 신학생들이 생계를 위해 다른 아르바이트를 선택하는 경우가 많아졌습니다. 그만큼 사역과 생계 사이에서 고민하는 신학생들이 늘어난 것입니다.

이처럼 사역자를 구하기 어려운 현실은 한국이나 미국이나 다르지 않은 것 같습니다. 미국 교회에서는 이러한 문제를 해결하기 위해 평신도를 사역자로 세우는 방안을 모색하고 있습니다. 교회학교 디렉터는 목회자이지만 교육 현장에서 실제로 사역을 섬기는 사람들은 대부분 평신도 스텝인 경우가 많습니다. 반드시 신학을 전공하지 않아도 교육학, 심리학, 아동발달 등 다양한 분야의 전공자들이 자신의 전문성과 재능을 살려 어린이와 청소들을 위한 사역에 동참합니다.

예를 들어 투웰브스톤교회에서는 스피치와 스토리텔링을 잘하는 평신도가 어린이 설교를 담당하기도 합니다. 이렇게 평신도를 세우면 대체로 2~3년마다 바뀌는 교육전도사 중심의 운영보다 더 장기적이고 안정적인 사역이 가능해집니다.

그러나 평신도 사역의 확대에는 분명한 질서가 필요합니다. 실제로 미국 교회에서도 목회자의 감독 아래 사역이 진행되며, 설교문 작성이나 방향 검토는 반드시 목회자가 담당합니다. 평신도는 단독으로 사역하지 않고, 교회의 비전과 목회 철학 안에서 역할을 감당합니다.

결국 평신도 사역은 교회의 질서를 유지하면서도 재능과 사명을 가진 성도들이 함께 동역할 수 있는 시스템을 구축할 때 효과적으로 자리 잡을 수 있습니다.

### 한국 교회를 위한 제안

한국 교회는 지금부터 평신도 사역 확대와 부교역자 처우 개선이라는 전략적 변화를 모색해야 합니다. 단순한 인력 감축이 아니라 효율적인 사역 모델로 전환하고, 평신도 리더십을 강화해 목회자의 부담을 줄이며 교회의 지속 가능성을 높여야 합니다. 이를 위해 사례비와 복지 제도를 점진적으로 개선하고, 안식월이나 안식 주간, 가족 중심의 정책을 도입해 목회자의 삶의 질을 보장할 필요가 있습니다.

부교역자의 처우 개선은 단순한 복지가 아니라 교회의 미래를 좌우하는 핵심 과제입니다. 지금의 어려움을 방관한다면 더 심각한 사역자 부족 문제와 구조적 위기가 뒤따를 것입니다. 이제 교회는 적극적인 정책 변화를 통해 새로운 사역 모델을 마련해야 합니다.

목회자는 교회의 비전과 목표를 세우고, 설교문 작성과 검증을 책임지며, 평신도가 교육 사역을 감당할 수 있도록 지원해야 합니다. 교육의 질을 유지하는 동시에 평신도의 은사와 사명을 발굴하고 훈련하는 체계를 마련하는 것이 중요합니다.

앞으로 한국 교회는 신학교 입학생 감소로 인해 목회자 수급의 한계를 더욱 심각하게 겪게 될 것입니다. 이미 미국 교회가 경험했듯이 평신도를 체계적으로 훈련하고 사역자로 세우는 것이 돌파구가 될 수 있습니다. 따라서 한국 교회도 평신도 사역자를 위한 구조적이고 지속 가능한 훈련 시스템을 마련해야 하며, 이것이 미래 교회의 건강과 지속 가능성을 위한 중요한 대안이 될 것입니다.

### 한국 교회 사례 ①

한국 교회의 현실을 살펴보면 대부분 100명 미만의 작은 교회입니다. 이런 교회에서는 부교역자를 두고 교회학교를 운영할 재정적 여력이 부족합니다. 설령 어느 정도 규모가 있는 교회라 하더라도 교육 담당 교역자를 안정적으로 세우기 어렵고, 교역자의 잦은 이동으로 부서의 연속성과 안정성이 흔들리는 경우가 많습니다.

이러한 문제를 인식한 김포 움직이는교회(김상인 담임목사)는 개척 초기부터 평신도들을 사역 리더로 세우는 방식을 선택했습니다. 교회학교 운영을 특정 부교역자에게 의존하는 방식에서 벗어나 목회적 소명이 있는 평신도들을 훈련시켜 목회자로 세운 것입니다.

그 결과 현재 움직이는교회의 모든 교역자들은 평신도 출신의 목회자들입니다. 이는 단순히 부교역자 수급 문제를 해결하는 차원을 넘어 교회학교 사역을 보다 지속 가능하고 안정적으로 운영할 수 있는 구조를 마련하는 데 기여하고 있습니다.

▲ 움직이는교회 미취학예배

　움직이는교회는 개척 당시, 미취학예배를 담당할 전담 교역자가 없었습니다. 그런데 미취학 어린이가 늘어나면서 미취학 어린이예배의 필요성이 대두되었고, 교회는 새로운 대안을 마련했습니다. 설교자는 교회에 출석하는 학부모 가운데 기독교 교육 전공자를 설교자로 세웠습니다. 목회자가 아닌 평신도 주도의 미취학 어린이예배를 시작한 것입니다. 이는 교역자 수급에 의존하지 않고 평신도 자원을 활용해 교회학교를 안정적으로 이끌어 가는 새로운 모델을 보여주었습니다.

### 한국 교회 사례 ②

한국 교회의 목회자 수급 위기는 부교역자의 열악한 처우와 복지 문제도 중요한 원인으로 작용합니다. 이런 구조 속에서 대부분의 목회자는 결국 담임목회만을 꿈꾸게 됩니다. 제가 온누리교회에 몸담고 있던 시절에 선배 목회자들에게 들은 하용조 목사님의 말씀이 참으로 인상적입니다. 어떤 목회자는 담임 목회에 은사가 있고, 어떤 목회자는 가르치는 은사가 있고, 어떤 목회자는 교회학교 사역에 은사가 있다는 것입니다. 그러니 모든 목회자가 모두 담임목사가 될 필요는 없고 각자 받은 은사대로 사역할 때 가장 큰 역량을 발휘할 수 있다는 것입니다. 하지만 현실적으로 부교역자들에 대한 처우가 개선되지 않는다면 은사대로 사역하는 것은 쉽지 않습니다.

그런데 이 현실을 인식하고 개선을 위해 힘쓰는 교회도 있습니다. 김천 더세움교회(정통령 담임목사)는 부교역자에게 평균 이상의 급여를 지급하고 은퇴 이후를 준비할 수 있는 제도를 운영합니다. 또한 매년 안식월과 안식 주간을 시행해 목회자들이 충분한 쉼과 가족과의 시간을 보장받도록 했습니다. 이는 단순한 처우 개선을 넘어 사역의 지속 가능성을 높이는 중요한 정책입니다.

이러한 고민은 앞에서 언급했듯이 한국 교회에만 해당하는 문제는 아닙니다. 미국 교회도 비슷한 고민을 안고 있습니다. 미국의 뉴스프링교회는 농촌 지역 특성상 목회자 배우자가 일자리를 구하기 어려운 문제를 해결하기 위해 배우자를 교회 직원으로 고용해 부부

> **<예배·행사> 1월 안식주간**
>
> - 일 시 : 1월 27-31일(월-금)
> - 교회의 모든 사역을 잠시 멈추고, 재충전의 시간을 갖습니다.
>   수요기도회는 한 주 쉽니다.
>
>   ※ 더세움교회는 안식주간을 통해 교회의 사역을 잠시 내려놓고,
>      하나님 안에서 참된 쉼과 안식을 누립니다.

▲ 더세움교회 안식 주간 공지

가 함께 사역하게 하고, 목회자와 스태프의 자녀들을 위한 방과 후 돌봄 프로그램을 운영하여 가정이 안정된 환경 속에서 사역할 수 있도록 배려했습니다.

이처럼 한국의 더세움교회나 미국의 뉴스프링교회는 모두 목회자의 삶의 질을 높이고 목회자의 가정이 안정화가 되도록 도와 교회가 건강하고 지속 가능하도록 힘쓰고 있습니다.

### 나눔질문

1. 게이트웨이교회는 바이블 게임즈와 같은 프로그램을 통해 아이들이 배운 내용을 재미있게 복습하며 공동체성과 협력을 경험하도록 돕고 있습니다. 우리 교회학교에서도 아이들이 배운 내용을 효과적으로 복습하고 예배에 적극적으로 참여하도록 돕기 위해 어떤 프로그램을 도입할 수 있을까요?

2. 우리 교회학교에서 봉사자들이 더 책임감을 느끼고 지속적으로 사역에 참여하도록 돕기 위해 어떤 제도나 지원이 필요할까요? 젊은 교사의 참여를 늘리기 위한 방안은 무엇이 있을까요?

3. 우리 교회에서도 평신도 가운데 어린이 교육에 재능과 열정을 가진 사람들을 발굴하고 훈련시키기 위해 어떤 과정을 마련할 수 있을까요? 평신도 사역자의 역할을 효과적으로 이끌어 내려면 어떤 준비가 필요할까요?

4. 게이트웨이교회는 봉사자와 스텝의 협력을 통해 많은 준비와 인력이 필요한 프로그램을 안정적으로 운영하고 있습니다. 우리 교회학교에서도 팀워크와 협력을 강화하기 위해 어떤 노력이 필요할까요?

10장

# 청소년이 머물 수 있는 공간을 마련했어요!

사우스이스트크리스천교회
Southeast Christian Church

사우스이스트크리스천교회
(Southeast Christian Church)

웹사이트: southeastchristian.org
주소: 920 Blankenbaker Pkwy Louisville, KY
담임목사: 카일 아이들먼(Kyle Idleman)
교단: 독립교회(Independent Christian Churches)
설립: 1962년
주일 평균 출석: 약 25,917명

### 아크 인카운터와 창조 박물관

미국 켄터키주는 우리에게 익숙한 이름입니다. 바로 프랜차이즈 업체 켄터키 프라이드치킨, KFC 때문입니다. 켄터키주에는 KFC 이외에도 세계적으로 유명한 기독교 명소가 있습니다. 바로 '아크 인카운터'Ark Encounter 와 '창조 박물관'Creation Museum 입니다.

켄터키주 윌리엄스 타운이라는 작은 소도시에는 성경 속 노아의 방주를 실제 크기 그대로 재현한 기독교 테마파크 아크 인카운터가 있습니다. 이곳은 기독교 창조과학단체 '앤서스 인 제네시스'Answers in Genesis 에서 운영하는 테마파크입니다. 여기에는 성경에 나온 크기대로 만든 거대한 노아의 방주 모형이 전시되어 있는데, 이것은 세계 최대 규모의 목재 구조물입니다. 3층짜리 방주는 넓이 510피트(155m), 폭 85피트(26m), 높이 51피트(16m)로 제작 기간만 무려 6년

▲ 아크 인카운터 노아의 방주

이 걸린 거대한 방주입니다.

　아크 인카운터는 2016년 7월에 정식 개장했고 창세기에 나오는 노아의 방주 이야기를 중심으로 한 체험형 전시와 다양한 프로그램이 마련되어 있습니다. 박물관과 동물원, 놀이터와 짚라인, VR체험관 등 다양한 활동과 체험을 할 수 있는 기독교 테마파크입니다.

　기독교 자연사 박물관이라고 할 수 있는 창조 박물관은 2007년에 개장한 기독교 박물관입니다. 성경적 창조 모델을 토대로 인류의 역사를 보여 주는 여러 설치물과 자료가 전시되어 있습니다. 이곳은 기독교 세계관 교육의 중요성을 알리는 장소일 뿐만 아니라 온 가족이 나들이를 즐길 수 있도록 공원과 놀이 시설, 미니 동물원도 갖추고 있습니다.

이처럼 켄터키주에는 미국 기독교 명소가 자리 잡고 있습니다. 그리고 켄터키주의 대표적인 도시 루이빌에는 사우스이스트크리스천교회Southeast Christian Church가 위치해 있습니다. 미국 교회에는 청소년들이 예배 전후로 교회 안에 머물면서 다양한 놀이와 게임을 즐길 수 있도록 훌륭한 인프라를 갖춘 교회가 많이 있습니다. 그중 가장 기억에 남는 교회가 바로 사우스이스트크리스천교회입니다.

## 사우스이스트크리스천교회에 가다

사우스이스트크리스천교회는 60년의 전통을 지닌 교회입니다. 현재는 창립 목사인 밥 러셀Bob Russell 목사님의 뒤를 이어 카일 아이들먼Kyle Idleman 목사님이 담임 목회를 하고 있습니다. 카일 아이들먼은 『팬인가, 제자인가』(두란노, 2017)의 저자로 잘 알려진 기독교 베스트셀러 작가입니다. 사우스이스트크리스천교회는 약 25,000명 이상이 출석하는, 미국에서 11번째로 큰 교회입니다.

특히 이 교회는 멀티 사이트 교회입니다. 무려 15개의 캠퍼스(온라인 캠퍼스 포함)가 있습니다. 저는 메인 캠퍼스인 블랭켄베이커Blankenbaker 캠퍼스에서 청소년 사역을 담당하는 아이작 레이마이스터Isaac Leimeister 목사님의 안내를 받아 중등부 예배를 참관하고, 교회 시설을 둘러보았습니다.

▲ 주일예배 모습

▲ 교회 로비

▲ 야외 야구장    ▲ 피트니스 센터

　사우스이스트크리스천교회는 교회 안에 스포츠 경기장과 실내 체육관, 그리고 피트니스 센터가 있습니다. 이 시설을 활용해 계절에 맞는 스포츠 경기를 열어 전도의 기회로 삼고 있습니다. 봄에는 남자 청소년을 위한 야구와 여자 청소년을 위한 소프트볼 리그, 여름에는 청소년 축구 리그, 겨울에는 농구 리그를 운영합니다. 그뿐만 아니라 성인을 위한 발리볼과 소프트볼 및 농구 리그도 운영하는데, 온 가족이 함께 참여할 수 있도록 다양한 연령층을 아우르는 프로그램을 제공합니다. 어린 자녀를 둔 젊은 부모도 스포츠 리그에 참여할 수 있도록 교회가 별도의 보육 서비스를 지원한다는 점이 눈에 띄었습니다. 이러한 접근은 단순히 예배당 안에서의 신앙생활을 넘어, 삶의 모든 영역에서 신앙을 실천하도록 돕는 교회의 철학을 잘 보여 주고 있습니다.

### 사우스이스트크리스천교회 교회학교

사우스이스트크리스천교회 교회학교는 어린이부인 '에스이 키즈' SE!KIDS (Babies~5th Grade)와 청소년부인 '에스이 스튜던트' SE Students (6~12th Grade)로 구분됩니다. 에스이 키즈는 목요일 오후 6시 30분, 주일 오전 9시, 11시 15분, 총 3번의 예배를 드립니다. 에스이 스튜던트의 중등부 MSM는 주일 오전 11시 15분, 고등부 HSM는 수요일 오후 6시 30분에 예배를 드립니다.

사우스이스트크리스천교회에는 다음세대를 위해 만든 커다란 키즈 전용 도서관이 있습니다. 이 도서관에는 기독교 세계관을 기를 수 있는 다양한 책이 보관되어 있습니다. 학생들은 교회 안에서 시간을 보내야 하는 경우 도서관을 이용한다고 합니다. 특히 도서관 바로 옆에 있는 카페는 장애인들의 일자리 창출을 돕기 위한 시설로, 장애인들을 고용하여 카페를 운영하고 카페의 수익금은 전액 장애인을 위해 사용한다고 합니다.

또 하나 인상적인 것은 청소년을 위한 예배 공간을 따로 만들어서 운영한다는 점입니다. 주일 오전 11시 30분에 시작되는 중등부예배는 오전 10시 30분부터 입장이 가능한데, 입장 전부터 많은 아이들이 줄을 서서 기다리고 있었습니다. 입장 시간이 되면 학생들은 체크인 데스크에서 체크인을 한 후 건물 내부로 입장합니다. 환한 아이들의 표정에서 예배를 기대하며 참여하고 있다는 걸 느낄 수 있었습니다.

▲ 에스이 키즈 건물 입구

▲ 에스이 키즈 전용 도서관

10장. 청소년이 머물 수 있는 공간을 마련했어요!

### 청소년을 위한 특별한 건물

사우스이스트크리스천교회의 청소년 건물은 어지간한 중형 교회 건물보다 큽니다. 청소년 건물은 청소년들만을 위한 단독 건물로 지어졌고, 내부로 들어가면 엄청난 규모의 로비를 만나게 됩니다. 교회는 청소년들을 위해 매우 넓은 공간과 다양한 시설을 제공하고 있습니다. 로비에는 다양한 놀이기구와 운동 시설이 설치되어 있어서 청소년들은 예배를 드리기 전에 이곳에서 다양한 활동들을 경험하게 됩니다. 농구, 탁구, 미니축구 등의 운동 시설과 플레이스테이션 게임기 등 문화 활동을 즐길 수 있는 여러 장비가 로비에 갖추어져 있습니다.

또한 청소년 전용 카페도 있는데, 이곳에서 이야기를 나누거나 보드게임을 즐길 수 있습니다. 제가 방문한 날에도 예배당 로비에서는 많은 학생들이 놀이와 운동을 즐기고 있었습니다. 청소년 사역을 담당하는 아이작 레이마이스터 목사님은 청소년을 위한 예배 공간에 대해 다음과 같이 말합니다.

> "우리는 아이들이 예배 공간에 들어서자마자 친구의 집에 온 것처럼 느끼기를 바랍니다. 또한 아이들이 그냥 '놀러' 오려는 친구들도 초대할 수 있는 장소를 마련하고자 했습니다. 이를 위해 집만큼이나 편안하고 안전한 곳이 교회이길 바라며 우리는 학생들을 위해 특별히 디자인된 공간을 설계하게 되었습니다."

▲ 중등부예배 모습

### 왁자지껄한 청소년들

사우스이스트크리스천교회 청소년들은 예배 시작 한 시간 전에 이곳에 와서 운동과 게임, 놀이를 즐기며 친구, 교사와 자연스럽게 교제하게 됩니다. 사우스이스트크리스천교회는 관계 속에서 청소년들의 신앙이 성장하고 자랄 수 있도록 공간을 만들었습니다. 아이작 레이마이스터 목사님은 다음과 같이 말합니다.

> "교사(18세 이상)가 학생과 연결되는 것은 쉬운 일이 아닙니다. 하지만 우리가 가진 예배 공간은 자연스럽게 이 벽을 허물게 합니다. 이를

통해 친밀한 분위기 속에서 소그룹 나눔도 보다 쉽게 참여할 수 있습니다."

청소년은 질풍노도의 사춘기를 겪는 시기입니다. 보통 청소년예배는 정적인 분위기 속에서 진행되는 경우가 많습니다. 하지만 사우스이스트크리스천교회 중등부예배 분위기는 전혀 그렇지 않습니다. 예배 전부터 형성된 친밀한 관계성이 고스란히 예배에까지 이어져 영향을 미치는 것 같았습니다. 그래서인지 중등부예배는 굉장히 역동적이었고, 여기저기에서 탄성과 웃음이 끊이지 않는 왁자지껄한 분위기였습니다.

### 청소년을 위한 전용 공간이 필요한 이유

교회가 청소년을 위해 전용 공간을 구비하는 이유는 다음과 같습니다. 첫째, 청소년들은 일반적으로 활동적이고 동적인 환경에서 더욱 흥미를 갖고 참여도가 높습니다. 둘째, 운동, 놀이, 게임은 청소년들에게 상호작용하고 협력하여 문제를 해결하는 기회를 제공합니다. 셋째, 청소년기는 신체적·정신적 변화가 많이 일어나는 시기입니다. 운동과 놀이는 건강한 신체 발달을 지원하며 게임은 문제 해결 능력, 전략 수립 등 여러 면에서 그들의 정신적 발달에 긍정적인 영향을 줍니다. 넷째, 공통된 활동을 통해 청소년들은 서로에 대해 알

▲ 청소년 전용 카페

아가고 소속감 및 공동체 의식을 형성할 수 있습니다. 마지막으로, 교회 내에서 청소년들이 즐길 수 있는 다양한 활동과 시설은 그들에게 신앙생활이 일상생활과 분리되어 있지 않다는 것을 보여 줍니다. 이처럼 사우스이스트크리스천교회는 교사들이 청소년들과 함께 운동, 놀이, 게임에 참여하기 때문에 교사와 학생 간에 매우 친밀한 분위기가 형성되어 있습니다.

▲ 청소년 전용 공간 표시

▲ 운동하는 청소년들

▲ 농구대와 테이블 축구대

### 청소년 예배당에 설치된 게임기

한국 교회 내에서는 게임이나 놀이에 대해 부정적인 인식을 갖고 있는 경우가 많습니다. 그래서 교회 안으로 게임이나 놀이 시설을 들인다는 것이 말처럼 그리 쉬운 일이 아닐 것입니다. 사우스이스트크리스천교회도 처음에 이러한 시설을 마냥 반겨하지는 않았다고 합니다. 설치 과정 가운데 여러 어려움을 겪었다고 합니다.

자라나는 다음세대에게 게임은 또 하나의 문화생활이자 삶의 일부분입니다. 다음세대들에게 e스포츠의 인기는 상당합니다. 2022년 항저우 아시안게임(2023년 개최)에서는 e스포츠가 정식 종목으로 포함되었습니다. 당시 대한민국 선수단장을 맡은 최윤 단장은 결산 기자회견에서 "앞으로 아이들에게 게임을 하지 말라고 말하지 못할 정도로 인상 깊었다."고 자신의 소회를 밝혔습니다. 이렇듯 빠르게 변

▲ 게임하는 청소년들

▲ 놀이하는 청소년들

화해 가는 시대적 흐름 속에서 교회가 게임과 놀이를 어떻게 받아들이고 재해석해야 할지 진지하게 고민해 볼 시기인 것 같습니다.

## 청소년을 위한 소그룹 전용 공간

사우스이스트크리스천교회는 단순히 놀이 시설을 제공하는 데 그치지 않고, 제자 양육과 신앙훈련에도 세심한 관심을 기울입니다. 교회 안에는 다양한 규모의 소그룹 공간이 마련되어 있으며, 아이들은 이곳에서 사영리를 활용해 스스로 전도자가 되는 훈련을 받습니다.

오늘날 교육은 교사, 학생, 내용을 넘어 환경이 핵심 요소로 떠올랐습니다. 최신식 학교 시설이 보여 주듯, 공간은 학습의 질에 큰 영향을 미칩니다. 청소년 교육 공간은 단순한 건물이 아니라 또래 집단과 협력 및 소통이 이루어지고 능동적 참여가 촉진되는 장이 되어야 합니다. 존 듀이 John Dewey 는 교육 공간이 수동적인 강의실이 아니라 참여적이고 경험적인 공간이어야 한다고 강조했습니다.

사우스이스트크리스천교회는 청소년들이 예배 시간 외에도 교회에 머물 수 있도록 놀이, 먹거리, 학습 공간을 갖추었습니다. 운동과 교제, 식사, 소그룹 모임이 가능한 환경은 청소년들이 교회에서 더 많은 시간을 보내게 하고, 예배와 제자훈련에도 능동적으로 참여하도록 이끌고 있습니다.

▲ 청소년을 위한 다양한 소그룹 공간

## 청소년을 위한 시설을 갖춘 또 다른 미국 교회들

미국을 탐방하면서 청소년을 위한 게임, 놀이, 운동 시설을 갖춘 교회들을 많이 만날 수 있었습니다. 새들백교회, 매리너스교회, 베이사이드커뮤니티교회, 프레스톤우드침례교회, 크로스로드교회 등이 대표적입니다. 이 교회들은 청소년을 위한 예배 건물 안에 체육관, 게임룸, 전용 카페 등 청소년들의 취미와 관심사를 반영한 시설을 마련해 두고 있었습니다.

예를 들어 새들백교회의 청소년 예배 건물의 이름인 '제련소'는 욥기 23장 10절 말씀에서 착안해 이름을 지었습니다. 공장 분위기로 디자인된 이 건물에는 중등부를 위한 실내 체육관, 영화관 콘셉트의 고등부 예배당, 그리고 로비에는 당구, 탁구, 농구, 미니축구, 플레이스테이션 등 다양한 시설이 있습니다. 중등부 사역자 맷 히어Matt Heer 목사님은 다음과 같이 말합니다.

> "청소년 예배 건물인 제련소는 주일에는 예배 공간으로, 평일에는 아이들의 다양한 활동 공간으로 사용하고 있습니다. 우리는 이 공간이 방과 후 친구들과 함께 오고 싶은 안전하고 즐거운 공간이 되기를 바랐습니다. 이 공간은 재미와 친밀한 관계 형성을 위해 세심하게 디자인되었습니다. 무엇보다 친밀한 관계 형성은 제자도를 위해 중요하고, 그 과정에서 재미는 마치 연료와 같은 역할을 한다고 믿습니다. 아이들이 이곳에서 관계와 재미를 풍성하게 경험할 수 있게 노력을 기울였습니다."

▲ 새들백교회 청소년 건물 로비

▲ 베이사이드커뮤니티교회 청소년 예배당

10장. 청소년이 머물 수 있는 공간을 마련했어요!

또한 베이사이드커뮤니티교회는 기존 본당을 청소년을 위한 예배 공간으로 리모델링했습니다. 입구에는 전용 카페가 있어 저렴한 가격에 간식과 음료를 제공하고, 예배당 안에는 농구, 테이블 축구, 당구, 보드게임, 콘솔 게임 등 다양한 활동 공간이 마련돼 있습니다.

이처럼 미국 교회들은 청소년들이 교회에 머물고 싶어 하도록 재미와 관계를 장려하는 공간을 의도적으로 설계하고 있음을 확인할 수 있었습니다.

### 한국 교회 사례 ①

우리나라에도 교회 안에 게임기를 설치하거나 실내 놀이터, 운동 시설을 설치하는 교회가 늘어나고 있습니다. 이는 단순한 오락 시설의 도입이 아니라 교회가 다음세대의 관심사를 이해하고 그들이 편안하게 머물 수 있는 공간을 제공하며 신앙적 교제를 이루어 가려는 시도라 할 수 있습니다.

의정부 하늘샘교회(전웅제 담임목사)와 천안 모퉁이돌교회(허용석 담임목사)는 학생들이 머물며 시간을 보낼 수 있는 청소년 쉼터 공간을 마련해 두었습니다. 이곳에는 PC방처럼 게임을 즐길 수 있는 시설이 갖추어져 있습니다. 하늘샘교회 전웅제 목사님은 다음과 같이 말합니다.

▲ 의정부 하늘샘교회　　　　　　　▲ 천안 모퉁이돌교회

"교회에 오는 청소년들 대부분은 비신자 가정의 아이들이며, 주변 동네에서도 자연스레 찾아옵니다. 그래서 '어떻게 하면 이 아이들이 교회를 매일 즐겁게 올 수 있을까' 고민하게 되었습니다. 그러다가 교회를 매일 개방하고 아이들이 좋아하는 것들이 교회에 있어야겠다는 생각에 이르렀습니다. 교회에 아이들이 좋아하는 컴퓨터, 게임기, 레고, 만화책들을 갖다 놓기 시작하면서 아이들과 매일같이 만나게 되었고, 그러면서 아이들과의 관계가 더 깊어지기 시작했습니다."

최근에는 교회 안에서 자라 온 모태신앙자 수가 급격히 줄어들고 있습니다. 교회와 기독교 문화를 경험해 보지 못한 학생들이 많아져 예배라는 개념 자체가 낯설고, 신앙 용어나 의식에 대한 이해도 부족

해졌습니다. 이러한 현실 속에서 교회가 단순히 예배를 드리는 공간을 넘어 청소년들이 자연스럽게 모이고, 머물며, 관계를 형성할 수 있는 환경을 제공하는 것이 중요해지고 있습니다. 이와 관련해 전웅제 목사님은 다음과 같이 설명합니다.

> "모태신앙 아이들이 아니다 보니 교회에 대한 인식이 전혀 없는 거예요. 예배 시간에 왜 앉아 있는지, 주기도문이나 사도신경을 왜 하는 것인지, 그리고 목사님 혼자서 왜 이렇게 말을 많이 하는 것인지, 아이들이 전혀 인식이 없는 거죠. 그러한 상태로 매주 예배를 드린다면 과연 학생들이 자기 발로 교회에 올까요?"

### 한국 교회 사례 ②

이와 같은 변화를 반영하는 또 다른 사례가 바로 안산 꿈의교회(김학중 담임목사)입니다. 꿈의교회는 최근 지역 아이들을 위해 키즈 카페 Dream Kids Play Zone를 열었습니다. 단순히 놀이 공간을 마련한 것이 아니라, 아이들이 안전하게 머물며 즐겁게 시간을 보낼 수 있는 환경을 제공하고자 교회 안에 특별하게 만든 공간입니다. 원래 꿈의교회는 과거 '새안산레포츠교회'라는 이름으로 지역 주민들을 위해 레포츠 센터를 운영했지만, 최근에는 레포츠 센터를 폐점하고 다음 세대를 위한 공간으로 리모델링하는 결정을 내렸습니다. 그 이유는

▲ 안산 꿈의교회 키즈 카페

지역 사회에 스포츠 인프라가 잘 갖춰져 있어서 더 이상 교회 내의 레포츠 센터가 매력적인 공간으로 기능하지 못했기 때문입니다. 다음세대를 위해 보다 실질적이고 의미 있는 공간으로 바꾸는 것이 지역 사회와 교회 모두에 더 큰 가치를 준다고 판단했습니다.

  이에 따라 교회는 기존 시설을 다음세대를 위한 공간으로 새롭게 탈바꿈시켰습니다. 교회는 레포츠 센터의 지하 수영장을 리모델링하여 공연 시설과 청소년을 위한 예배 공간을 마련했습니다. 또한 헬스장이 있던 공간에 다음세대를 위한 예배 공간 및 지역 주민을 위한 실내 놀이터와 카페를 만들었습니다. 이러한 변화는 교회가 시대의 흐름을 읽고 다음세대를 위해 실질적으로 필요한 공간을 제공하는 전략적인 결정이라 할 수 있습니다.

### 한국 교회 사례 ③

70년의 역사를 지닌 청주 서남교회(장승권 담임목사)도 다음세대를 위한 인프라 구축에 힘쓰고 있습니다. 서남교회는 코로나19 팬데믹 기간 동안 청소년을 위해 무료 스터디 카페를 조성했습니다. 히브리어로 '진리'를 뜻하는 '에메트'Emet라는 이름의 스터디 카페는, 지역 청소년 약 80여 명이 한번에 이용할 수 있는 시설로 지역 사회에 개방되어 있습니다. 특히 카페 옆에는 '라면방'을 만들어서 공부하는 학생들이 언제든지 즉석 라면을 끓여 먹을 수 있도록 카페테리아 시설도 함께 운영하고 있습니다.

또한 건물 지하에는 200평 규모의 무료 키즈 카페 '하이랜드'Highland가 마련되어 있습니다. 이 공간은 오전에는 어린이집에 대관하고, 오후에는 지역 아이들을 위해 무료로 개방합니다. 현재까지 2,500여 명의 아이들이 방문해 지역을 대표하는 명소로 자리 잡았습니다. 장승권 목사님은 다음과 같이 말합니다.

> "예전에는 교회가 놀이터였는데, 지금은 교회가 그 기능을 잃어버렸습니다. 밖에 나가면 얼마든지 놀고 즐길 수 있는 게 많기 때문입니다. 그런데 중요한 것은 현대 사회가 아이들에게 안전지대가 되지 못하고 있는 것입니다. 그래서 교회에 놀이터를 만들게 되었습니다."

교회의 건물이나 시설이 다음세대 신앙양육에서 본질적인 요소는

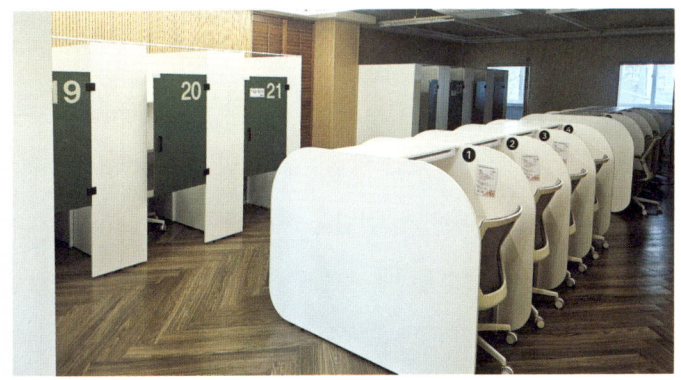

▲ 청주 서남교회 스터디 카페

▲ 청주 서남교회 라면방

▲ 청주 서남교회 키즈 카페

10장. 청소년이 머물 수 있는 공간을 마련했어요!

아닐지도 모릅니다. 하지만 교회가 외적인 부분에 투자를 하는 이유는 단지 편의성을 제공하기 위함이 아니라 아이들과 직접 만나고, 교제하며, 관계를 형성할 수 있는 환경을 조성하기 위함입니다. 아이들은 자연스럽게 머무는 곳에서 신앙을 배우고 경험합니다. 교회가 청소년들에게 열린 공간이 될 때, 복음은 더욱 효과적으로 전달될 수 있습니다. 그렇다면 교회 안에 게임기나 운동 시설을 들이는 것을 불편하게만 바라볼 일은 아닌 것 같습니다. 교회가 아이들을 교회로 초대할 수 있는 환경을 조성하고 그 안에서 자연스럽게 복음을 접하고 신앙을 경험할 수 있도록 돕는다면, 교회는 다음세대를 위한 더욱 의미 있는 공간이 될 것입니다.

## 나눔질문

1. 사우스이스트크리스천교회는 청소년들이 예배 전부터 서로 교제하며 친밀감을 형성할 수 있는 공간을 제공하고 있습니다. 우리 교회학교에서도 아이들이 자연스럽게 교제하고 관계를 형성할 수 있는 공간이나 활동의 장을 마련하기 위해 어떤 노력을 할 수 있을까요?

2. 사우스이스트크리스천교회는 놀이와 게임을 통해 아이들이 교회에 대한 친밀감을 느끼도록 돕고 있습니다. 우리 교회학교에서도 놀이와 게임을 신앙교육에 효과적으로 활용할 수 있는 방법은 무엇인가요?

3. 사우스이스트크리스천교회의 청소년예배는 친밀한 관계성을 바탕으로 역동적이고 즐거운 분위기 속에서 진행됩니다. 우리 교회학교에서도 청소년들이 더 적극적으로 예배에 참여하고 예배를 통해 기쁨을 느낄 수 있도록 하기 위해 어떤 변화를 줄 수 있을까요?

4. 사우스이스트크리스천교회는 놀이와 운동을 통해 교사와 학생 간 벽을 허물고 친밀감을 형성하고 있습니다. 우리 교회학교에서도 교사와 학생 간 관계를 강화하기 위해 어떤 활동이나 프로그램을 도입할 수 있을까요?

## 11장

# 청소년은 어른들과 함께 예배드려요

**맥린바이블교회**
McLean Bible Church

## 맥린바이블교회(McLean Bible Church)

웹사이트: mcleanbible.org
주소: 8925 Leesburg Pike, Vienna, VA
담임목사: 데이비드 플랫(David Platt)
교단: 남침례교(Baptist - Southern Baptist)
설립: 1961년
주일 평균 출석: 약 8,000명

### 세대 분리인가, 세대 통합인가?

대부분의 한국 교회는 교회학교를 운영할 때, 연령별로 부서를 구분하여 신앙교육을 진행하고 있습니다. 그러나 이 방식에는 한계가 있습니다. 먼저 세대 간 교류가 부족해서 아이들은 어른들의 신앙적인 모범을 직접적으로 보지 못하게 되고, 이는 아이들의 신앙성장에 있어 중요한 기회를 놓치게 되며, 전체 교회의 공동체 의식도 약화됩니다.

이런 문제의식 속에서 최근 교회에서는 '세대통합'이라는 주제가 부각되고 있습니다. 세대통합예배는 전 세대가 함께 예배를 드린다는 측면에서 신중한 접근이 요구되어야 합니다. 왜냐하면 세대통합예배를 드린다고 할 때, 성인에게만 맞춰진 예배여서는 안 되기 때문입니다. 아이들의 눈높이에 맞지 않는 예배는 그들에게 흥미를 주지 못할 것입니다. 그렇다고 해서 매번 아이들의 눈높이에 맞는 설교를 할 수도 없습니다. 그러므로 세대통합예배는 성인이든 어린이든 예배를 드리는 모든 구성원이 쉽고 명확하게 이해할 수 있는 언어가 사용되어야 하고, 전 세대 눈높이에 맞는 예배 형식을 갖추어야 합니다.

다양한 연령대가 예배에 적극적으로 참여할 수 있는 기회를 제공하는 것도 한 가지 좋은 대안일 것입니다. 예를 들어 아이들이 기도나 찬양을 인도하거나 청소년들이 봉사에 참여하는 방법들을 생각해 볼 수 있습니다. 아울러 연령대별 모임이나 신앙 활동이 지속될 수 있도록 장치를 마련하는 것도 고려해야 합니다. 세대통합예배 이후 시간에 각 연령대별로 모여 깊이 있는 신앙교육과 교제를 나눌 수 있는 시간을 어떻게 제공할 수 있을지에 대한 고민도 필요합니다.

미국 교회를 탐방하면서 주일에 청소년예배가 없는 경우를 많이 접하게 되었습니다. 청소년예배를 주일이 아니라 수요일이나 목요일 저녁에 하는 교회가 많았습니다. 이런 경우 청소년들은 주일에 교회에 나오지 않는 것이 아니라 주일에 세대통합으로 성인예배를 드리게 됩니다. 주일에 모임을 갖더라도 그것은 공예배가 아닌 성경 공부 형식을 갖게 되는 것입니다. 그렇다면 미국 교회에서는 왜 청소년들이 성인예배에 참석하도록 하는 것일까요? 11장에서는 버지니아주 비엔나에 위치한 맥린바이블교회McLean Bible Church를 소개하려 합니다.

### 맥린바이블교회에 가다

워싱턴 D. C.는 미국의 수도로 정치와 역사, 문화의 중심지입니다. 그리하여 이곳에는 백악관, 미국 의회의사당, 에이브러햄 링컨 Abraham Lincoln 같은 미국 주요 인물들의 기념관과 국립 자연사 박물관이 위치해 있습니다. 그리고 이곳에는 세계에서 가장 큰 성경 박물관이 있습니다. 연대별 성경 사본을 다양하게 접할 수 있도록 관련 유물을 약 40,000점 이상 수집하여 전시하고 있습니다. 고대 성경 필사본, 성경 인쇄본, 그리고 초기 기독교 관련 유물들이 포함되어 있습니다. 성경 박물관은 성경의 역사와 그 영향력을 체험할 수 있는

▲ 성경 박물관 내부

▲ 성경 박물관 외관

특별한 장소로 기독교인뿐만 아니라 기독교 역사와 문화에 관심 있는 모든 사람에게 의미 있는 방문지입니다.

맥린바이블교회는 워싱턴 D. C.에 위치해 있고, 데이비드 플랫 David Platt 목사님이 담임 목회를 하고 있습니다. 데이비드 플랫 목사님은 국내에서『래디컬』(두란노, 2011)의 저자로 잘 알려져 있습니다. 맥린바이블교회에는 5개의 캠퍼스가 있는데, 저는 메인 캠퍼스인 타이슨Tysons 캠퍼스에 다녀왔습니다. 그곳에서 어린이예배를 담당하는 브룩 타일러Brook Taylor 목사님과 청소년 사역을 담당하는 도니 콘 Donnie Cohn 목사님의 안내를 받아 건물을 둘러보고 어린이예배를 참

▲ 교회 로비

▲ 주일예배 모습

▲ 한글로도 번역되어 전시된 표어

관했습니다.

맥린바이블교회는 원래 백인 위주의 미국 교회였습니다. 하지만 지역 사회가 다인종 사회가 되면서 교회에 점점 다양한 인종의 성도들이 늘어났다고 합니다. 교회는 이런 변화에 맞춰 통역 서비스를 제공하기 시작했습니다. 현재 맥린바이블교회에는 한국어와 중국어, 그리고 스페인어로 동시통역 서비스가 제공되고 있습니다. 교회 건물의 디자인에는 다민족을 품는 선교적 비전이 곳곳에 녹아 있으며 건물 외벽에는 '당신은 우리 가족입니다.'라는 문장이 여러 나라의 언어로 번역되어 있습니다.

### 맥린바이블교회 교회학교

맥린바이블교회 교회학교는 어린이부인 '키즈 퀘스트'Kid's Quest와 청소년부인 '더 락'The Rock으로 나눠집니다. 키즈 퀘스트는 일반 어린이 프로그램이 아니라, 말씀을 삶 속에서 적용하도록 도와주는 제자훈련에 초점을 맞추고 있으며, 주일 오후에는 '어와나'Awana 프로그램을 진행하고 있습니다. 키즈 퀘스트의 비전은 어린이들에게 삶을 바꾸는 복음의 진리를 전하고, 부모를 영적 교사로 키우는 것입니다. 또한 안전하고 즐겁고 역동적인 환경에서 어린이들에게 하나님의 말씀을 가르치고, 그들이 평생 예수를 따르는 사람으로 성장하도록 격려하는 것이 사명입니다.

▲ 미취학부 예배 공간

▲ 키즈 퀘스트 예배 공간

▲ 키즈 퀘스트 소그룹실

▲ 교회학교 셀프 체크인 데스크

　　맥린바이블교회는 이를 구현하기 위해 가스펠 프로젝트 교재를 활용합니다. 가스펠 프로젝트는 성경을 창세기부터 요한계시록까지 체계적으로 공부하도록 돕는 성경 공부 교재로, 단편적인 성경 지식 전달에 머물지 않고 성경 이야기를 예수 그리스도를 중심으로 연

▲ 청소년예배 공간

결해 줍니다. 이를 통해 성경 전체가 하나의 구속사적 이야기로 구성되어 있음을 알려 주며, 아이들이 성경을 부분적으로만 보지 않고 전체 큰 그림 속에서 이해하도록 도와줍니다. 가스펠 프로젝트는 3년 동안 신구약 전체를 다룹니다. 한 가지 인상적인 부분은 시중에 나와 있는 교재 그대로 사용하는 것이 아니라 교회에 상황에 맞게 재편집의 과정을 거친다고 합니다. 이를 위해 출판사로부터 재편집할 수 있는 권한을 구매했다고 합니다. 또한 어린이 예배당 안에는 소그룹을 할 수 있는 작은 방들을 따로 두고 있었는데, 학생들의 원활한 소그룹 진행을 위해 교회는 한 반에 12명 이하의 학생만을 배정한다고 합니다.

### 주일에 청소년예배가 없는 이유

　맥린바이블교회 청소년들은 따로 주일예배를 드리지 않습니다. 대신 성인예배를 드리는데, 이는 앞서 언급한대로 맥린바이블교회뿐만 아니라 미국의 많은 교회가 그러합니다. 대다수의 미국 교회가 주일에 청소년예배를 따로 분리해서 드리지 않고 청소년들이 성인예배에 함께 참여하도록 합니다.

　미국 교회에서 청소년들을 성인예배에 참여하게 하는 이유는 다음과 같습니다. 첫째, 성인예배를 함께할 경우 청소년들은 교회공동체에 대한 소속감을 부여받고, 그 안에서 자신의 역할을 이해하며 수용하는 능력을 발전시키게 됩니다. 둘째, 성인예배에 참석하면 어른들과 활발히 소통할 수 있고, 그들로부터 신앙적인 도움과 영향을 받을 수 있습니다. 셋째, 다양한 연령대의 사람들이 함께 모여 예배를 드리기 때문에 서로 다른 연령대를 이해하고 배울 수 있는 기회를 얻게 됩니다. 넷째, 가족 단위로 예배를 드리기 때문에 가정에서 부모와 자녀 간의 원활한 대화가 가능해집니다.

　마지막으로, 가장 근본적인 이유는 청소년들이 대학 진학 후에도 교회공동체를 떠나지 않도록 하기 위함입니다. 미국에서는 오래전부터 청소년들이 고등학교를 졸업하고 대학에 진학하거나 독립적인 생활을 시작하면서 교회를 떠나는 현상이 가속화되었습니다. 미국은 우리나라보다 면적이 약 44배나 커서 대학에 진학하게 되면 자연스럽게 집에서 멀리 떨어질 수밖에 없습니다. 그런데 훗날 이 학생들

> **MIDWEEK**
>
> Midweek Small Groups are the heartbeat of our ministry and a great opportunity for students (6th – 12th grade) to connect around the Word of God. We meet on Wednesdays from 7-8:45 pm in the Rock Gym. For the first thirty minutes we play games and hangout or have worship together. During this time, pizza is available for $1 a slice. Then, we all head into grade and gender specific small groups lead by teams of staff and volunteers. We pray that our students experience profound belonging at Midweek as they build friendships, pray, and study the Bible together.

▲ 청소년 주중예배 안내

이 다시 교회로 돌아오고 싶어도 성인예배에 이질감을 느낀다면 교회로 쉽게 돌아오지 못하게 될 것입니다. 그래서 미국 교회는 이러한 문제를 해결하기 위해 주일에 청소년들이 성인들과 함께 예배를 드리는 방식을 선택하게 되었다고 합니다.

청소년들이 성인예배에 참여하게 되면 그들에게는 성인예배에 대한 이해의 경험이 쌓이게 됩니다. 이는 성장과 변화를 겪는 청소년 시기에 배워야 하는 중요한 신앙적 부분이라 할 수 있습니다. 청소년들이 대학에 진학하거나 성인이 되어 독립적인 생활을 시작할 때, 모교회를 떠나 다른 교회에 나가는 데에도 도움을 줍니다. 이미 성인예배의 형식과 분위기에 익숙해진 청소년들은 모교회가 아닌 다른 교회에 가서도 쉽게 적응할 수 있습니다. 또한 청소년들이 주일 교회 사역에 적극적으로 참여하여 봉사할 기회가 생깁니다. 이에 대해 도니 콘 목사님은 다음과 같이 말합니다.

> "세대통합예배에 참여하는 학생들은 성인(종종 부모 포함)이 예배하고 말씀을 받는 모습을 모델로 삼는 것을 보게 됩니다. 그들은 부모의 집을 떠나기 전에 교회의 일원이 되는 것에 익숙해집니다. 또한 어린이 사역, 새가족 안내, 음향·영상, 예배 등 다양한 부서에 봉사할 기회를 얻게 됩니다."

### 새대통합예배의 근거

존 웨스터호프 John H. Westerhoff III는 『Will Our Children Have Faith?』(Morehouse Publishing, 2012)에서 기존의 주입식 종교 교육은 신앙을 전달하는 데 한계가 있다고 지적합니다. 신앙은 단순한 지식이 아니라 공동체 속에서의 삶과 실천을 통해 하나의 문화로 체득된다는 것입니다. 따라서 교회는 아이들에게 지식을 가르치는 데 그치지 않고, 가정과 학교와도 협력하여 충실한 그리스도인의 삶을 경험하게 해야 한다고 강조합니다. 전 세대가 함께 예배하고 봉사할 때, 신앙의 지속성도 높아집니다.

홀리 채터턴 앨런Holly Catterton Allen과 크리스틴 로턴 로스Christine Lawton Ross는 『세대가 통합되는 교회』(파이디온선교회, 2021)에서 세대 분리 시스템의 한계를 지적하며, 교회의 교육과 공동체 생활을 세대통합적 신앙 형성의 관점에서 재설계할 것을 제안합니다. 모든 활동을 세대가 함께 해야 한다는 것은 아니지만, 전 세대가 정기적으로 함께 예배하고 배우며 봉사하고 교제할 때 얻는 영적 유익과 축복은 분명하다고 말합니다. 결국 신앙은 지식 전달만으로는 이어질 수 없습니다. 세대가 분리되어도 믿음은 세대를 넘어 흐르고 연결되어야 한다는 것이 이들의 공통된 메시지입니다.

동시에 미국 교회들은 주일 청소년예배가 사라질 때 발생하는 단점을 보완하기 위해 평일 저녁 청소년 모임을 운영합니다. 맥린바이블교회는 수요일 저녁 '미드위크'Midweek 프로그램을 통해 학년과 성별에 따라 소그룹을 나누고, 상호작용식 교육과 능동적 학습을 강조합니다. 크라이스트펠로우십교회, 뉴스프링교회, 크로스로드교회, 하이랜드교회 역시 주중에 청소년 집회와 소그룹 모임을 진행합니다. 이 책에서는 소개하지 않았지만, 엘리베이션교회도 주일예배가 중심이기 때문에 수요일 청소년예배는 방학이 있을 정도로 유연하게 운영된다고 합니다.

세대가 분리된 청소년예배에는 분명한 장점이 있습니다. 첫째, 학생들의 고민과 관심사에 맞춘 설교와 교육이 가능하며, 말씀을 삶에 직접 적용할 수 있습니다. 둘째, 또래와의 교류를 통해 신앙공동체 안에서 격려와 성장을 경험할 수 있습니다. 셋째, 자치 활동을 통해 리더십을 키우고, 예배에 대한 책임감을 가질 수 있습니다. 넷째, 소그룹 모임을 통해 신앙고백을 자유롭게 나누는 기회도 주어집니다.

지금까지 살펴본 세대통합예배 운영 방식은 한국에 그대로 적용하기는 어렵습니다. 입시와 사교육으로 바쁜 한국 청소년의 현실,

▲ 하이랜드교회 청소년 정기 모임

그리고 가족 중심의 생활 패턴이 미국과 다르기 때문입니다. 따라서 한국 교회는 미국 교회를 단순히 모방하기보다 한국 상황에 맞는 새로운 대안을 찾아야 합니다.

### 한국 교회 사례 ①

학원복음화협의회에서 진행한 '2022 한국 대학생의 의식과 생활에 대한 조사' 연구 결과에 따르면, 대학생 개신교인의 비율은 14.5%로 나타났습니다. 이 가운데 교회에 출석한다고 응답한 비율은 58.3%에 불과했습니다. 이 수치는 청소년기까지 교회에 다니던 많은 이들이 대학 진학 이후 교회를 떠나고 있음을 보여 주는 중요한 지표입니다. 이러한 현실 속에서 청소년들이 성인이 된 이후에도 교회를 떠나지 않도록 돕기 위한 대안으로 세대통합예배를 도입한 교회들이 점점 늘어나고 있습니다.

김천 더세움교회(정통령 담임목사)는 세대 간 신앙적 연속성을 강화하기 위해 세대통합예배를 드리는 교회입니다. 정통령 목사님은 과거 부교역자로 교회학교를 섬기면서 세대 간 단절이 발생하는 문제를 직접 경험했습니다. 많은 교회가 연령별로 분리된 예배를 드리다 보니, 다음세대가 성장한 후에도 교회공동체 안에서 자연스럽게 신앙을 이어 가기 어렵다는 것을 깨닫게 되었습니다. 이에 그는 교회 개척 초기부터 세대통합예배를 도입하여 모든 세대가 함께 예배드릴 수 있는 환경을 조성했습니다.

그렇다고 해서 세대분리예배를 완전히 없앤 것은 아닙니다. 더세움교회는 '세대통합예배'와 '세대분리예배'를 병행하여 드리는 방식을 채택하고 있습니다. 세대 간 신앙적 연결고리를 유지하면서도 연령별 신앙성장에 필요한 맞춤형 교육도 함께 제공하는 균형 잡힌 접근법을 실천하고 있는 것입니다.

세대통합예배는 신앙의 세대 간 단절을 최소화하고 다음세대가 자연스럽게 교회공동체의 일부로 성장하도록 돕는 중요한 방법이 될 수 있습니다. 이를 통해 청소년과 청년들이 성인이 된 이후에도 교회와 연결될 수 있도록 자연스러운 신앙의 연속성이 형성되고, 부모와 자녀가 함께 예배드리면서 가정에서의 신앙교육이 더욱 강화될 수 있습니다. 또한 세대 간 교류를 통해 신앙이 단순한 연령대별

▲ 김천 더세움교회 세대통합예배

프로그램이 아닌 삶의 연장선으로 경험되도록 하는 중요한 역할을 합니다. 앞으로 더 많은 교회가 세대 간 신앙의 연결성을 강화할 수 있는 방안을 고민하고, 다음세대가 신앙을 이어 갈 수 있도록 다양한 형태의 예배와 사역 모델을 개발하는 것이 필요합니다.

### 한국 교회 사례 ②

인천 송도동춘교회(윤석호 담임목사)역시 세대통합예배를 드리는 교회입니다. 이 교회는 기쁨의동춘교회에서 세대통합이라는 가치와 비전에 공감하는 성도들이 모여 개척한 교회로 현재 매주 세대통합

▲ 송도동춘교회 세대통합예배

▲ 원주 충정교회 세대통합예배

예배를 드리고 있습니다. 이들의 예배 형식은 전체적으로 취학 아동부 아이들에게 초점을 맞춘 형태로 운영되고 있습니다.

원주 충정교회(최규명 담임목사)는 한 달에 한 번 청소년들과 함께 세대통합예배를 드리고 있습니다. 이 예배의 가장 큰 특징은 학생들이 관객이 아니라 예배의 주체로 참여한다는 점입니다. 이와 관련해 최규명 목사님은 다음과 같이 설명합니다.

> "세대통합예배는 다음세대가 주체가 되어야 하는데, 현실에서는 학생들이 손님처럼 구경만 하는 경우가 많습니다. 그런 예배는 진정한 세대통합예배가 아니라고 생각했습니다. 그래서 어른들이 모든 것을 주도하는 예배가 아니라 학생들이 주체적으로 참여하는 예배를 만들고 싶었습니다."

이에 따라 충정교회에서는 예배 안내를 어른과 학생이 함께 맡고, 찬양 인도도 청소년 연합 찬양팀이 담당합니다. 또한 사회, 성경 봉독, 헌금송까지 학생들이 감당하여 예배에 능동적으로 참여합니다. 이러한 세대통합예배를 통해 청소년들은 성인예배의 분위기를 체험하며, 동시에 부모세대의 기도와 격려를 받습니다. 또한 지난 한 달 동안의 청소년예배와 활동을 영상으로 편집하여 성도들과 공유함으로써 부모세대와의 교제를 통해 신앙의 전수가 자연스럽게 이루어지도록 돕고 있습니다.

한편 영유아부, 유치부, 어린이부는 본당 공간이 비좁아 정기적인 세대통합예배에 참여하기 어려운 상황입니다. 이에 교회는 1년에 네 차례, '아특밤'(아주 특별한 밤 부흥회)과 '아특새'(아주 특별한 새벽 부흥회)를 마련하여 모든 세대가 함께하는 예배의 장을 열어 가고 있습니다.

### 한국 교회 사례 ③

오륜교회(주경훈 담임목사)는 한국 교회의 약 70%가 미자립교회이고, 그중 상당수 교회가 주일학교 사역자가 없다는 현실을 심각하게 받아들이며 다음세대 사역을 지원하기 위해 사단법인 '꿈이있는미래'(꿈미)를 설립했습니다.

꿈미의 핵심 사역은 '원포인트 통합교육'입니다. 이는 영유아부터 노년까지 모든 세대가 동일한 본문과 주제를 중심으로 예배하고 묵상하도록 설계된 프로그램으로, 가정(부모)과 교회(교사)를 연결해 다음세대가 하나님의 스토리를 이어 가도록 도와줍니다. 나아가 학교와도 유기적으로 연계될 수 있도록 확장하고 있습니다.

오륜교회는 전통적 세대통합예배 대신, '꿈미 에듀 앱'을 개발해 연령별 큐티 교재, 가정예배 자료, 말씀 암송(요송), 꿈토리, 주일말씀 웰컴교실 등을 제공하여 이를 언제 어디서든 접근할 수 있도록 했습니다. 이를 통해 가정이 신앙교육의 중심이 되도록 교회가 든든히 지원하고 있습니다.

▲ 오륜교회 꿈미 에듀 홈페이지

　현재 꿈미 커리큘럼은 전국 6,000여 교회에서 사용되고 있으며, 사역자와 교사를 위한 양성 프로그램도 함께 운영하고 있습니다. 이는 단순히 오륜교회 내부를 넘어서 한국 교회, 특히 미자립교회의 새로운 교육 모델로 자리매김하고 있습니다. 무엇보다 교회 중심의 신앙교육에서 가정 중심의 신앙 전수로 무게 중심을 이동시킨 전환점으로 평가되며, 변화하는 시대 속 지속 가능한 대안으로 주목받고 있습니다.

세대통합예배는 교회의 상황과 특성에 따라 다양한 방식으로 적용될 수 있습니다. 각 교회는 신앙의 세대 간 연속성을 유지하기 위해 어떤 방향을 선택할 것인지 깊이 고민해야 할 시점에 이르렀습니다. 세대통합예배의 핵심 목표는 어린이, 청소년, 청년, 장년 세대가 함께 예배드리며 신앙을 공유하는 것입니다. 이를 통해 세대 간 단절을 줄이고 신앙의 연속성을 강화할 수 있는 기회를 마련할 수 있습니다. 하지만 앞서 언급했던 것처럼 세대통합예배를 도입할 때, 고려해야 할 단점과 보완책도 있습니다. 세대통합예배는 장점이 많지만 교회 구성원의 연령대가 다양하기 때문에 모든 세대를 아우르는 예배를 설계하는 것이 쉽지 않습니다. 이러한 점을 보완하기 위해서는 또래별 신앙성장의 필요성도 반드시 고려해야 합니다. 세대통합예배를 도입하려는 교회라면 연령별 신앙성장의 기회를 어떻게 균형 있게 제공할 것인지 고민해야 합니다. 특히 또래별 정기 모임과 소그룹을 교회 안에서 어떻게 효과적으로 운영할 것인지 계획할 필요가 있습니다.

### 나눔질문

1. 세대통합예배는 다양한 연령대의 구성원이 함께 예배드리는 것을 목표로 합니다. 그렇다면 우리 교회에서는 세대 간 교류와 연대를 강화하기 위해 어떤 방법으로 세대통합예배를 시도할 수 있을까요?

2. 맥린바이블교회는 청소년예배를 주중으로 옮기고 주일에는 성인예배에 참여하도록 하는 방식을 채택하고 있습니다. 이러한 접근법이 우리 교회 상황에서도 가능할까요? 만약 불가능하다면 우리 교회 상황에 맞는 대안은 무엇일까요?

3. 맥린바이블교회는 청소년들이 성인예배에 익숙해지고 교회 봉사에 참여하도록 권장하여 대학 진학 후에도 교회를 떠나지 않도록 돕고 있습니다. 우리 교회에서도 청소년들이 대학·청년부로 진학하게 되었을 때, 교회와 신앙을 지속적으로 연결할 수 있도록 어떤 지원 시스템(멘토링, 소그룹 활동, 봉사 등)을 마련할 수 있을까요?

4. 세대통합예배의 한계는 다양한 연령대의 눈높이를 모두 맞추기 어렵다는 점입니다. 전 세대가 참여하면서도 각 연령대의 신앙적 필요를 어떻게 충족할 수 있을까요? 예배 후 연령별 모임이나 교육 프로그램의 구체적 실행 방안을 나눠 보세요.

# 12장

## 교회에 야구 경기장을 만들었어요!

프레스톤우드침례교회
Prestonwood BaptistChurch

## 프레스톤우드침례교회
(Prestonwood BaptistChurch)

웹사이트: prestonwood.org
주소: 6801 W Park Blvd, Plano, TX
담임목사: 잭 그레이엄(Jack Graham)
교단: 남침례교(Baptist – Southern Baptist)
설립: 1977년
주일 평균 출석: 약 19,600명

**트라이브십**

미국에 머무는 동안 메이저리그 경기를 관람한 적이 있습니다. 야구를 정말 사랑하는 나라답게 비싼 티켓 값에도 불구하고 메이저리그 경기에는 만원인 경우가 많았습니다.

요즘은 많은 사람들이 야구뿐만 아니라 다양한 스포츠를 즐깁니다. 대학내일20대연구소는 『Z세대 트렌드 2024』(위즈덤하우스, 2023)에서 Z세대를 관통하는 키워드로 '트라이브십'Tribeship을 꼽았습니다. 개인의 취향, 가치관, 생활 양식이 다양하게 분화해 가는 초개인화 시대에서 Z세대는 다채로운 커뮤니티에 연결되어 있습니다. 그래서 수십 개의 작은 커뮤니티로 연결된 Z세대의 공동체는 마치 트라이브(Tribe, 부족)를 연상시킵니다. Z세대는 사이클, 조깅, 테니스, 헬스 등 같은 취향으로 모여서 다양한 문화생활을 즐기고 그 속에서 삶

▲ 미국 메이저리그 경기장

의 기쁨을 찾습니다.

　교회 또한 현대인의 삶의 변화와 Z세대의 특징에 주목해 볼 필요가 있습니다. 만일 교회가 문턱을 낮추고 문화적인 교류의 장을 만들어 낸다면, 누구나 손쉽게 신앙공동체 안으로 자연스럽게 들어올 수 있지 않을까요? 함께 운동하고 예배를 드리게 된다면 보다 깊은 신앙공동체의 유대감 형성에 기여할 수 있지 않을까요? 스포츠를 통해 마음을 열고 함께 땀을 흘리며 느끼는 동지애는 신앙생활에도 긍정적인 영향을 미칠 것입니다. 관심사가 비슷한 사람들끼리 모이면 더 쉽게 소통할 수 있고, 성경 공부나 묵상 모임에서 더 큰 효과를 낼 것입니다. 모두가 함께할 수 있는 공간에서 교회공동체는 지금보다 더 강력한 공동체성을 경험할 수 있을 것입니다.

　미국에는 사람들이 문화와 여가 생활을 공유하고 함께할 수 있도록 돕는 교회들이 있습니다. 12장에서 소개할 교회는 스포츠를 통해 청소년 신앙공동체를 세워 가는 프레스톤우드침례교회Prestonwood Baptist Church입니다.

### 프레스톤우드침례교회에 가다

　프레스톤우드침례교회는 미국 남침례교단의 대표적인 대형 교회로 7장에서 살펴봤던 세컨드침례교회처럼 양육에 집중하는 교회입니다. 프레스톤우드침례교회는 먼저 나이와 성별, 관심사 등 다양한 유형에 따라 소그룹을 나눕니다. 그리고 각 그룹별로 주제에 맞는 성경 공부와 소그룹 나눔을 진행합니다. 이 교회에는 약 300개의 성경 공부 소그룹이 있고 대부분의 모임은 주일에 진행되고 있습니다. 그래서 프레스톤우드침례교회의 성도들은 주일에 공예배에 참석하고 예배 전후로는 성경 공부 모임에 참여합니다.

　프레스톤우드침례교회의 담임목사는 잭 그레이엄Jack Graham목사님입니다. 잭 그레이엄 목사님은 부임 당시 성도가 800명이던 프레스톤우드침례교회를 현재 30,000명이 넘는 초대형 교회로 성장시

▲ 주일예배 모습

▲ 어린이 야외 놀이터

▲ 어린이 실내 놀이터

켰습니다. 그는 미국 남침례교단의 총회장을 역임했고 여러 권의 책을 쓴 작가이기도 합니다. 저서로는 『그대, 영혼의 심장을 뛰게 하라』(예수전도단, 2006), 『하나님의 남자』(쿰란출판사, 2014) 등이 있습니다. 프레스톤우드침례교회에는 2개의 캠퍼스가 있는데, 저는 플레이노 Plano 캠퍼스에 다녀왔습니다. 그곳에서 청소년부를 담당하는 조던 워커 Jordan Whicker와 어린이부를 담당하는 론다 브리튼 Rhonda Brittain 목사님의 안내를 받아 교회 시설을 둘러보고, 어린이 성경 공부와 청소년 성경 공부에 참여했습니다.

### 프레스톤우드침례교회 교회학교

프레스톤우드침례교회 교회학교는 어린이부인 '칠드런' Children 과 청소년부인 '스튜던트' Student로 나뉩니다. 소그룹에 집중하는 교회인 만큼 교회학교 또한 연령별 성경 공부 모임이 활발하게 진행되고 있습니다.

프레스톤우드침례교회는 초등학생부터 부모와 함께 성인예배를 드리게 합니다. 앞 장에서 언급한 세대통합예배를 초등학생 때 드리게 하는 것인데, 어린 나이부터 성인들과 함께 예배를 드리며 예배의 의미와 중요성을 경험하며 성장하게 됩니다. 주일예배는 9시 30분, 11시, 12시 45분에 드립니다. 교회학교 학생들 역시 어른들처럼 예배 전후로 진행되는 '라이프그룹 성경 공부' LifeGroup Bible Study라는

> **WHO WE ARE**
>
> Prestonwood Students exists to REACH our community, the nation, the world, and every generation with the Gospel; to LEARN to grow in an authentic and visible faith; to LOVE those around us with a biblically based devotion to Jesus; and to MULTIPLY what God has done in our lives into the lives of others.
>
> The worship of King Jesus on Sunday mornings – with the full church family – is the centerpiece of Prestonwood Students. Be part of the Worship Service at the opposite hour you attend LifeGroup Bible Study.

▲ 예배·성경 공부 안내문

이름의 성경 공부에 참여하게 됩니다.

　프레스톤우드침례교회 미취학 어린이부는 많은 미국 교회와 마찬가지로 다양한 놀이기구를 갖춘 예배 공간이 마련되어 있습니다. 그리고 유아용 실내 놀이터를 곳곳에 설치하여 아이들이 교회 안에서 즐거운 시간을 보내며 머물 수 있도록 하고 있습니다.

　또한 교회는 미취학부를 섬기는 교사들의 유니폼을 매주 세탁합니다. 아이들을 섬기는 부서인 만큼 청결을 유지하기 위함입니다. 이를 위해 교회는 미취학부에서 사용하는 전용 세탁기와 건조기를 갖추고 있습니다. 또한 매주 아이들에게 제공되는 간식을 공지하여 알레르기를 사전에 대비합니다. 또한 하이랜드교회 사례에서 보았던 것처럼 아이를 달래기 위한 장난감 자동차와 발달장애인의 정서적

▲ 유아용 실내 놀이터 1

▲ 유아용 실내 놀이터 2

▲ 미취학부 전용 세탁기와 건조기

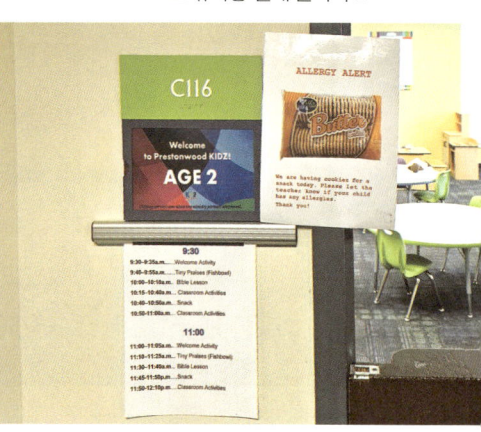
▲ 간식 사전 공지 안내문

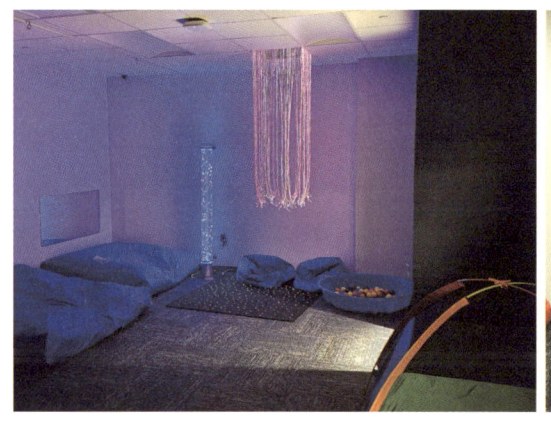
▲ 발달장애인을 위한 심리 치료실 1

▲ 발달장애인을 위한 심리 치료실 2

안정을 돕는 특수 치료 시설을 갖추고 있습니다.

프레스톤우드침례교회에 방문해서 고등부 모임에 참여하게 되었는데, 알고 보니 주일 공예배가 아니라 주일 성경 공부 모임이었습니다. 고등부에서 진행하는 성경 공부 모임은 보통의 청소년예배 순서와 크게 다르지 않았습니다. 찬양과 설교, 그리고 소그룹 모임이 진

▲ 미취학 어린이 예배당

▲ 취학 어린이를 위한 성경 공부 장소

▲ 중등부 성경 공부

▲ 고등부 성경 공부

행되었기 때문입니다. 다른 점이 있다면 소그룹 모임에 많은 시간을 할애한다는 것입니다. 고등부의 경우 설교 전에 소그룹으로 모여 주어진 성경 본문을 읽고 나누는 시간이 있습니다. 학생들은 예배 전에 본문을 더 깊이 묵상하고 소그룹 안에서 자신의 생각을 공유하게 됩니다. 이처럼 성경 공부 모임이 주일예배처럼 진행되는 점이 인상적이었습니다. 결국 프레스톤우드침례교회 성도들은 주일에 두 번의 예배를 드리는 것과 같습니다.

### 스포츠 전도 프로그램을 만든 이유

프레스톤우드침례교회는 다양한 스포츠 시설을 갖추고 있습니다. 넓은 대지 위에 야구장과 축구장, 피트니스 센터, 그리고 실내 체육관을 보유하고 있습니다. 이는 교회가 단순히 영적인 공동체뿐만 아니라 지역 사회에 영향을 끼치고 공헌하는 공동체로까지 나아가야 한다는 비전에 기초합니다. 그래서 교회는 지역 사회를 위해 다양한 스포츠 시설을 짓고 '프레스톤우드 스포츠 사역부'Prestonwood Sports Organization(이하 PSO)라는 스포츠 전도 프로그램을 만들어 이른바 스포츠 리그를 운영하고 있습니다.

프레스톤우드침례교회는 전도에 많은 관심을 갖고 있었습니다. 그래서 스포츠 전도 프로그램을 만들고자 했습니다. 그러던 중에 1999년 유소년 풋볼팀을 지도하던 교회의 리더십이자 사업가인 조 페리Joe Perry의 헌신을 통해 PSO 사역이 만들어지게 되었습니다. 당시 조 페리가 받은 말씀은 마태복음의 말씀이었습니다.

> "예수께서 말씀하시되 나를 따라오라 내가 너희를 사람을 낚는 어부가 되게 하리라 하시니"(마 4:19)

조 페리는 토너먼트에 참여하기 위해 경기장 안으로 들어가는 많은 사람들을 바라보면서 하나님의 마음을 떠올렸다고 합니다. 예수님이 사람을 낚는 어부가 되게 할 것이라고 말씀해 주셨는데, 바로 그들이 경기장 안에 있던 것입니다. 조 페리는 토너먼트를 통해 그리스도를 전하고, 다른 사람들도 하나님이 부르신 일을 할 수 있도록 스포츠 플랫폼을 만들게 됩니다. 조 페리의 아들 라이언 페리Ryan Perry는 이렇게 회고합니다.

> "1989년, 리틀리그 풋볼 토너먼트에서 우리 팀을 지도하고 있던 아버지 조 페리는 하나님이 자신의 마음에 일으키신 열정을 분명하게 깨닫게 되었습니다. 경기장으로 몰려드는 수많은 사람들을 바라보던 아버지는 갑자기 눈물을 흘리며 외치셨습니다. "바로 여기에 있어! 그들이 모두 여기에 있어! 우리는 계속 다른 곳에서 그들을 찾고 있지만, 사실 그들이 전부 여기로 몰려 오고 있잖아!" 나의 아버지는 사람들을 그리스도께 인도하는 일에 뜨거운 열정을 가진 분이셨고, 다른 성도들도 복

음 전도의 사명을 갖도록 독려하는 데 헌신하셨습니다. 하나님은 바로 그날, 그 토너먼트 현장에서 사람들에게 복음을 전하고 다른 이들도 하나님이 맡기신 사명, 즉 사람을 낚는 어부의 역할을 감당하도록 훈련할 수 있는 놀라운 사역의 무대를 보여 주셨던 것입니다."

많은 이들이 그냥 스포츠를 즐기러 왔다가 뜻밖에 복음을 접하게 되고, 그것이 삶을 바꾸는 계기가 되었습니다. 그 자리에서 복음을 들은 사람들은 하나님의 부르심을 경험하는 자가 되었습니다. 또한 성도들은 복음 전도가 특정인에게만 맡겨진 일이 아니라, 모두가 감당해야 할 공동의 사명임을 깨닫게 되었습니다.

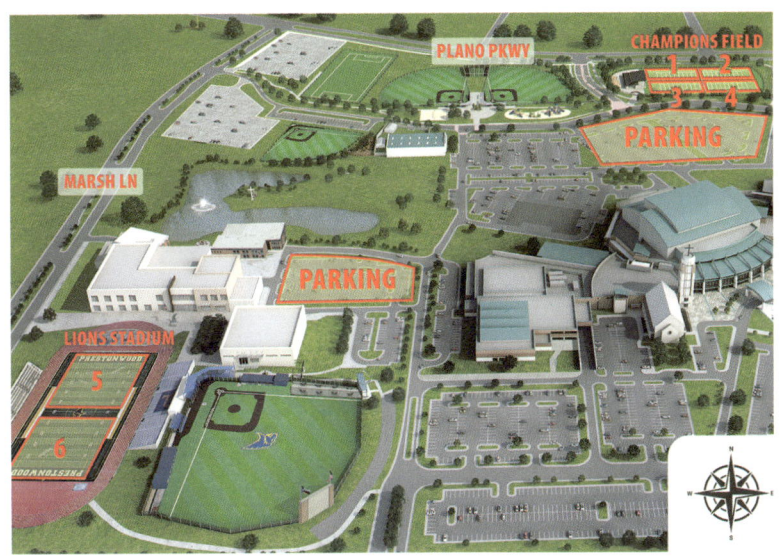

▲ 스포츠 경기장 안내도

### 스포츠 전도 프로그램 PSO

PSO는 스포츠를 통해 가능한 많은 사람들에게 복음을 전하고 하나님께 영광을 돌리도록 돕는 것을 목표로 합니다. 그래서 전도를 위해 어린이부터 성인에 이르기까지 다양한 연령층을 위한 스포츠 활동을 운영하는데 야구, 농구, 축구, 소프트볼, 배구 경기를 리그제로 진행합니다.

이러한 스포츠 리그를 운영하기 위해서는 스포츠 경기를 진행할 수 있는 인프라가 필요합니다. 그래서 교회는 지금까지 수많은 스포츠 경기장을 교회 내에 만들어 확장해 왔다고 합니다. 현재 야구 및 소프트볼장이 3개, 축구장은 무려 9개나 됩니다. 이를 통해 PSO에서는 연령과 성별에 따라 종목별 기술 훈련까지도 병행하게 됩니다. 어린이(3~12세)를 위한 종목은 야구, 농구, 축구, 미식축구, 소프트볼(여학생), 발리볼이 있고 성인을 위한 리그 종목은 피클볼(테니스, 탁구와 유사한 스포츠)과 농구가 있습니다.

PSO는 단순한 지역 스포츠 리그를 넘어, 모든 참여자가 복음을 접할 수 있도록 프로그램을 설계합니다. 매 시즌 3학년 이상을 대상으로 복음 프레젠테이션을 실시하며, 코치들에게는 신앙적 지도력을 발휘할 수 있도록 헌신 가이드를 제공합니다. 코치들은 단순한 기술 지도자가 아니라 제자훈련의 동역자로 훈련받습니다.

이를 통해 아이들은 스포츠 속에서 건강한 경쟁과 팀워크를 배우고, 공동체 안에서 협력과 배려를 체험합니다. 신체적 성장뿐 아니라

▲ PSO 홈페이지 메인 화면

▲ PSO 경기장 입구

12장. 교회에 야구 경기장을 만들었어요!

▲ PSO 홍보 브로슈어 1    ▲ PSO 홍보 브로슈어 2

사고력·집중력·자신감이 길러지고, 나아가 신앙의 성숙도 함께 이루어집니다.

현재 PSO에는 매년 약 4,900명의 어린이와 400여 명의 성인이 참여합니다. 대부분 78주 정규 시즌과 1~2주의 플레이오프로 운영되며, 교회 웹사이트를 통해 누구나 등록할 수 있습니다. PSO는 지역사회의 필요를 스포츠로 채우면서 복음을 전하는 독특한 사역입니다. 이를 통해 수천 명의 지역 주민들이 운동을 즐기며 자연스럽게 신앙공동체에 연결됩니다. 또한 스포츠 선교단체 FCA Fellowship of Christian Athletes 와 협력하여 스포츠를 통한 복음 전파라는 비전을 확장해 가고 있습니다.

### 스포츠 선교 단체 FCA

　FCA는 1954년 미국에서 설립된 스포츠 선교 단체입니다. 기독교인 운동선수들의 섬김과 친교를 통해 복음을 세상에 전파하는 단체입니다. 이 단체는 복음으로 무장된 코치와 선수들을 양성하고, 사람들이 믿음 안에 뿌리내린 기독 스포츠인이 되도록 돕기 위해 설립되었습니다. FCA는 미국뿐만 아니라 우리나라에서도 활동하고 있는데, FCA KOREA는 2017년에 설립되어 믿음을 가진 스포츠인들의 영향력으로 복음을 전하고 다음세대를 변화시키기 위해 여러 프로그램을 진행하고 있습니다.

　FCA에서는 영향력 있는 기독교인 스포츠 선수들과 함께 경기와 기술 훈련 프로그램 등을 진행합니다. 이때 참여한 학생들은 소그룹으로 모여 성경 공부를 진행하는데, 이 모임을 '허들'Huddle이라고 부

▲ FCA 홈페이지

릅니다. 이것은 스포츠와 성경 공부를 결합한 새로운 시도로 학생들의 신앙생활을 더욱 풍성하게 만들어 주고 그들의 영적·육적인 성장을 돕습니다. FCA는 소그룹 모임의 성경 공부를 위해 교재를 자체적으로 제작했습니다. 프레스톤우드침례교회도 FCA에서 만든 성경 공부 교재를 사용하고 있습니다.

### 스포츠를 활용하는 또 다른 미국 교회들

10장에서 살펴본 사우스이스트크리스천교회와 크라이스트처치오브더밸리도 스포츠 사역을 진행하고 있습니다. 사우스이스트크리스천교회도 교회 부지 안에 스포츠 경기장을 만들었는데, 3개의 야구장과 소프트볼장, 8개의 축구장, 그리고 실내 체육관과 피트니스 센터를 가지고 있습니다. 이 교회 역시 스포츠 활동을 신앙생활의 한 부분으로 여기고 있습니다. 스포츠는 사람들의 삶과 밀접하게 연결되어 있기 때문에 성도들과 주민들이 교회 안에서 건강한 신체 활동을 하고 친교를 즐길 수 있도록 돕는 것입니다. 이를 위해 사우스이스트크리스천교회에서는 성인과 청소년을 위한 스포츠 리그를 봄, 여름, 겨울 시즌으로 나누어서 진행하고 있습니다.

크라이스트처치오브더밸리도 2개의 야구장과 소프트볼장, 7개의 축구장, 실내 체육관을 만들었습니다. 이 교회도 스포츠 인프라를 활용해 성인과 청소년을 위한 야구, 농구, 축구 리그 등 다양한 스포츠 경기를 진행합니다. 그들은 스포츠가 훌륭한 전도 프로그램이라고 말합니다. 스포츠는 성도들이 서로 교제할 수 있는 기회를 제공하고, 동시에 성경 공부로 이어질 수 있는 장점을 가지고 있습니다.

사우스이스트크리스천교회에서는 연간 20,000여 명이 넘는 인원이 스포츠 활동에 참여한다고 합니다. 특히 발달장애가 있는 사랑부 학생들을 위한 축구 프로그램도 만들어 운영하고 있는데, 이 프로그램은 경쟁보다는 학생들의 운동 기능 향상에 초점을 맞추고 있습니다. 발달장애를 가진 학생들이 스포츠를 통해 자신감을 얻고 신체 건강을 유지하도록 돕는 중요한 역할을 교회가 해 내고 있습니다. 상대적으로 소외된 발당장애 학생의 가족들이 서로 교제하여 힘을 얻을

▲ 사우스이스트크리스천교회 스포츠 경기장

수 있는 장을 교회가 마련해 준다는 점이 매우 인상적이었습니다.

### 한국 교회 사례 ①

교회는 성도들의 영적 성장을 위한 공간에 머무르는 것이 아니라 지역을 섬기고 소통하며 전도와 선교에 힘쓰는 공동체를 지향해야 합니다. 신앙생활만을 위한 공간이 아니라 지역 사회의 일원으로서 예수 그리스도의 사랑을 실천하는 장이 되어야 합니다. 교회가 지역 주민들이 자연스럽게 모일 수 있는 공간을 마련하고 지역 커뮤니티를 활성화하려는 노력에 동참한다면, 이는 교회를 향한 인식에도 긍정적인 영향을 미칠 수 있습니다.

이미 한국에도 스포츠를 사역에 활용하는 교회들이 점차 늘어나고 있습니다. 서울 영등포구 도림교회(정명철 담임목사)는 교회 건물 옥상에 풋살장을 조성하고 '도림 FC 어린이 축구팀'을 운영하며 지역 사회와 적극적으로 소통하는 교회입니다. 도림교회는 매학기마다 축구팀을 모집하고 운영하여 학생들에게 기술을 가르치고, 친선 경기를 유치하여 스포츠를 선교 도구로 적극 활용하고 있습니다.

그뿐만 아니라 도림교회는 교회를 건축하며 1층을 지역 사회를 위한 공간으로 개방하는 전략적인 접근을 선택했습니다. 이 공간에는 카페와 갤러리, 그리고 스포츠 라운지 시설이 마련되어 있으며 지역 주민들이 자유롭게 방문하고 이용할 수 있도록 조성되었습니다. 특히 스포츠 라운지에는 당구대, 탁구대, 그리고 스크린골프 시설까지 갖추어져 있고, 지역 주민들이 예약 후 무료로 이용할 수 있도록 운영하고 있습니다. 이는 교회가 지역 사회를 위한 열린 공간이 되어야 한다는 비전 아래 주민들이 자연스럽게 교회를 찾고 교제할 수 있도록 한 것입니다.

이처럼 교회가 스포츠 및 레저 시설을 지역 사회와 공유하고 활용할 때, 교회는 종교 공간을 넘어 지역공동체 속에서 소통과 나눔의 중심지가 될 수 있습니다. 도림교회의 사례는 한국 교회가 어떻게 지역 주민들과 자연스럽게 관계를 형성하고 복음의 접점을 마련할 수 있는지를 보여 주는 좋은 모델이 됩니다.

나아가 이러한 스포츠 사역이 더욱 활성화되기 위해서는 지역 교회들 간의 긴밀한 연대와 협력이 필요합니다. 프레스톤우드침례교회처럼 대규모 스포츠 시설을 갖춘 사례도 있지만 대부분의 교회가 자체적으로 이러한 인프라를 구축하는 것은 현실적으로 어렵습니다. 그렇기 때문에 교회가 반드시 자체적으로 문화·체육 시설과 같은 인프라를 갖출 필요는 없습니다. 이미 한국 사회에는 다양한 스포츠·문화 인프라가 잘 조성되어 있기 때문에 교회는 이러한 시설들을 적절한 시기에 효과적인 방법으로 활용하는 전략이 필요합니다. 또한 지역 내 여러 교회들이 협력한다면 일부 종목에 한해서 지역 인프라를 활용하여 자체적인 리그 운영도 가능할 것입니다.

예를 들어 지역 교회들이 연합하여 풋살·농구 리그를 운영하거나

▲ 도림교회 드림풋살장

▲ 도림교회 스포츠 라운지

지역 주민과 함께하는 마라톤 및 등산 행사를 개최할 수 있습니다. 또한 청소년을 대상으로 한 스포츠 캠프 및 전도 프로그램을 연계하는 것도 좋은 방안이 될 수 있습니다. 이러한 협력 모델은 교회가 지역 사회와 더욱 자연스럽게 연결될 수 있는 기회를 제공할 뿐만 아니라 건강한 교제와 공동체 형성을 돕는 효과적인 도구가 될 것입니다.

### 한국 교회 사례 ②

경기도 양평군 양동면에 위치한 양평매곡교회(김신도 담임목사)는 전형적인 시골 교회였습니다. 부임 당시 40여 명이 모이던 작은 교회였고, 교회학교조차 운영되지 않았습니다. 그러나 지금은 성도 수가 90여 명, 교회학교 학생은 30여 명으로 성장했습니다.

매곡교회의 변화는 주일 오후 예배 대신 동아리 활동을 도입한 데서 비롯되었습니다. 성도들은 교회에 모여 뜨개질, 카페 봉사, 어반 스케치, 밴드·악기 교실, 탁구, 골프, 등산, 자전거 활동 등 다양한 동아리에 참여합니다. 특히 교회는 약 300만 원을 들여 골프 연습장을 마련해 지역 주민들에게도 개방했습니다.

현재 매곡교회는 면사무소와 협력하여 주민 대상 골프 교실, 오케스트라, 바리스타 교육을 운영하며 지역 사회 문화 활동의 중심이 되고 있습니다. 시골이라는 한계를 넘어 교회가 주민들의 문화·여가를 책임지는 플랫폼 역할을 하고 있는 것입니다.

이처럼 한국 교회 안에서도 스포츠와 레저 문화를 활용한 다양한 동아리 활동이 활발해지고 있습니다. 자전거, 마라톤, 탁구, 등산, 풋살, 농구 등은 단순한 취미를 넘어 교회가 성도의 삶의 현장 속으로 들어가 성도의 교제와 건강을 돕고, 자연스럽게 전도와 선교의 장으로 이어지고 있습니다.

스포츠 사역의 또 다른 사례도 있습니다. 여름 서핑 시즌에만 열리는 서핑처치(크리스천서퍼스코리아/제레미 윤 목사) 사역입니다. 대한민국의 서퍼 인구가 200만 명에 육박한다는 조사 결과가 알려주듯이 바닷가에 가면 곳곳에서 서핑을 즐기는 MZ세대를 만날 수 있습니다. 주말에 바다를 찾아 서핑을 즐기는 서핑 애호가들과 함께 예배하고 그들에게 복음을 전하는 사역을 하는 팝업 처치가 바로 서핑처치입니다. 뉴질랜드 출신의 제레미 윤 목사님은 전도 전 단계 사역Pre-evangelism에서부터 직접적인 구원 영접에 이르기까지 인생의 전 과정을 함께하는 비전을 가지고 서핑을 통해 젊은이들에게 삶으로 복음을 전하고 있습니다.

결국 교회는 신앙교육의 장을 넘어, 사람들이 모이고 소통하며 삶의 일부가 되는 공동체로 변화해야 합니다. 스포츠와 레저를 활용한 사역은 지역 사회와 자연스럽게 연결되고, 건강한 공동체를 형성하며, 전도의 접점을 마련하는 효과적인 방법이 될 수 있습니다. 앞으로 한국 교회는 지역과 소통하는 다양한 형태의 스포츠·문화 사역을 적극적으로 시도해야 합니다.

▲ 매곡교회 골프 연습장

▲ 크리스천서퍼스코리아

12장. 교회에 야구 경기장을 만들었어요!

특히 현대인들의 생활 패턴과 다음세대의 관심을 이해하고, 그들이 교회공동체 안에 들어올 수 있는 다양한 장을 제공해야 합니다. 프레스톤우드침례교회가 공동체를 지역이 아니라 연령과 관심사 중심으로 묶어 효과를 극대화한 것처럼, 한국 교회도 기존의 지역 중심 구조를 넘어 다음세대의 요구와 문화를 반영해야 합니다. 그렇게 될 때 다음세대는 소속감을 느끼고 교회와 가까워질 것입니다.

## 나눔질문

1. 프레스톤우드침례교회는 스포츠를 통해 신앙공동체를 형성하고 복음을 전합니다. 우리 교회에서도 스포츠나 여가 활동을 활용하여 어린이와 청소년들이 교회에 더 쉽게 다가오도록 할 수 있는 방법은 무엇일까요?

2. 스포츠를 통해 신앙을 전하는 프레스톤우드침례교회의 방식처럼 아이들에게 신앙을 전할 때, 전통적인 예배나 교육이 아닌 새로운 접근법을 적용한다면 어떤 것이 효과적일까요? 예를 들어 우리 교회에서는 어떤 활동이 아이들에게 가장 큰 흥미를 줄 수 있을까요?

3. Z세대는 관심사와 취향을 중심으로 모이는 커뮤니티를 선호합니다. 교회학교에서 Z세대의 특성을 반영하여 그들의 관심사를 중심으로 소그룹이나 사역을 디자인한다면 어떤 형태가 효과적일까요?

4. 프레스톤우드침례교회는 스포츠 시설을 지역 주민들에게도 개방하여 자연스럽게 교회와 연결되도록 합니다. 우리 교회가 지역 주민들에게 개방할 수 있는 것은 무엇이 있을까요? 이를 위해 어떤 자원이나 협력이 필요할까요?

─── 에필로그 ───

# 여행을 통해 나누고 싶은 이야기

### 시세를 아는 목회자와 교사들

미국 교회 탐방은 제게 단순한 여행이 아니었습니다. 다음세대를 위한 도전이자, 교회학교의 새로운 대안을 찾기 위한 간절한 여정이었습니다. 방문한 교회마다 그들만의 고유한 문화와 새로운 시도, 다음세대와의 소통을 위해 고심한 흔적과 노력을 느낄 수 있었습니다. 이번 탐방의 목적은 "미국 교회처럼 해야 한다."는 식의 일방적인 주장을 하려는 것이 아니었습니다. 교회의 본질을 지키면서도 시대적 변화 속에서 나아갈 길을 함께 모색하려는 것이었습니다.

> 잇사갈 자손 중에서 시세를 알고
> 이스라엘이 마땅히 행할 것을 아는 우두머리가 이백 명이니

> 그들은 그 모든 형제를 통솔하는 자이며
> 역대상 12:32

다윗이 큰 위기에 처했을 때, 그는 그 시대를 읽을 줄 아는 사람들의 도움을 받았습니다. '시세를 안다.'는 것은 현재 상황을 아는 것을 넘어 시대의 흐름을 통찰하고, 그 안에서 마땅히 해야 할 바를 깨닫는 지혜를 의미합니다.

오늘날 한국 교회에도 시대의 흐름을 이해하고 마땅히 나아가야 할 길을 아는 통찰력이 절실히 필요합니다. 저는 기독교가 쇠퇴하는 위기의 시대에 한국 교회 교회학교에 가장 필요한 것은 '시세를 아는' 목회자와 교사들이라고 생각합니다. 시대의 흐름을 이해하고, 변화에 적극적으로 대처할 수 있는 능력이 절실한 때입니다. 그러나 이는 한 사람의 능력만으로 해결할 수 있는 일이 아닙니다. 교회학교를 사랑하고 섬기는 목회자와 성도들의 집단지성이 모일 때, 비로소 다음세대를 위한 건강한 대안 교육이 가능해질 것입니다.

### 다시 시작하는 마음으로, 교회학교를 리셋하다

여러 교회를 탐방하며 내린 결론은 여전히 교회학교가 새롭게 리셋될 수 있다는 것입니다. 이 책을 쓰는 내내 마음 한편에는 한국 교회와 교회학교를 섬기고 있는 수많은 교사와 목회자들의 얼굴이 떠올랐습니다. 저 역시 오랜 시간 교회학교 현장에서 고민하며 사역해 온 한 사람으로서, 사역자들의 고민과 수고에 깊이 공감합니다. 그래서 저는 이 책이 단순히 이론이나 흥미로운 사례로 끝나지 않고, 지금 여러분이 섬기고 있는 자리, 그 현장에서 변화를 시도하고 적용할 수 있는 도구로 쓰임받기를 바랍니다.

지금 한국 교회는 인구 감소, 잘파세대의 등장, 탈종교화, 부족 문화 확산, 목회자 수급 문제 등으로 교회학교의 존립 자체가 흔들리고 있습니다. 하지만 위기는 곧 기회입니다. 변화하는 시대 속에서도 다음세대를 포기하지 않고 붙잡으려는 교회의 몸부림, 그것이 제가 미국 교회 탐방에서 본 진짜 모습이었습니다. 본질은 지키면서도 기존의 방식을 과감하게 바꾸는 용기, 그 용기에서부터 교회학교의 변화가 시작됩니다.

수많은 교회를 탐방하면서 제가 한 가지 확신하게 된 것이 있습니다. 교회학교가 위기라고 하지만 여전히 아이들이 북적이며 생기가 넘치는 교회학교가 존재한다는 사실입니다. 이것은 교회의 규모나 시설의 문제만은 아니었습니다. 오히려 교회학교의 위기의식을 느끼고 변화하기 위해 몸부림친 공동체의 헌신과 노력이 있었기 때문에 가능한 결과였습니다.

### 한국 교회 교회학교를 리셋하기 위한 제안

저는 이 책을 통해 특정한 방법이나 프로그램을 소개하고자 한 것이 아닙니다. 섣부르게 다른 교회를 따라 하려는 시도는 하지 않기를 바랍니다. 각 교회가 처한 상황이 다르고, 공동체가 걸어온 여정 역시 제각기 다르기 때문입니다. 그래서 제가 제안하고 싶은 것은 '정답'이 아닌 '질문'입니다. 이제 여러분이 섬기고 있는 교회의 상황을 깊이 바라보십시오. 여러분이 지금까지 품어 온 다음세대를 향한 마음을 다시 꺼내 보십시오. 그리고 그 마음 위에, 여러분만의 교회학교를 새롭게 리셋하고 디자인해 보시기를 바랍니다.

첫째, 교회는 건물이나 프로그램을 넘어, 하나님을 중심으로 사람과 사람이 연결되는 신앙공동체입니다. 예배와 제자훈련, 그리고 삶을 나누는 소그룹을 통해 성도들이 영적으로 자라 가는 것이 교회의 핵심 사명입니다. 이를 위해 세대 간 단절을 극복하고, 각 세대의 삶과 필요에 맞는 맞춤형 사역이 필요합니다. 통합과 다양성이 조화를 이루는 공동체야말로 오늘날 교회가 회복해야 할 본질입니다.

둘째, 교회의 열린 문턱입니다. 현대 사회의 변화 속에서 교회가 단순히 신앙을 전파하는 역할을 넘어 지역 사회의 필요를 채우는 사랑과 나눔의 장소로 변모해야 합니다. 이제는 교인의 양적인 성장에 머무르지 않고, 세상을 섬기며 복음을 삶으로 실천하는 모델이 필요합니다. 교회가 지역 주민들과 자연스럽게 연결되고 함께 웃고 나누며 예수 그리스도의 사랑을 실천하는 공간이 될 때, 그 영향력은 단순한 전도가 아닌 진정한 영혼 구원의 자리로 이어질 것입니다.

셋째, 다음세대에 대한 투자입니다. 예배 형식을 새롭게 하는 데 그치지 않고, 어린이와 청소년이 스스로 신앙의 주체가 될 수 있는 장을 마련해야 합니다. 이는 다음세대가 교회 안에 머물 수 있도록 공간과 활동을 지원해야 함을 의미합니다. 다음세대의 눈높이에 맞춰 이들과 연결될 수 있는 다양한 방법이 고안되어야 합니다. 그런 점에서 미국 교회의 사례들은 우리에게 다음세대를 위한 교회는 어떤 모습이어야 하는지를 고민하게 합니다.

무엇보다 교회학교의 변화는 공간이나 프로그램보다 철학의 전환에서 시작됩니다. '무엇을 할 것인가?' 보다 '왜 하는가?'를 먼저 분명하게 해야 합니다. 교회는 교육의 본질을 진지하게 고민하고, 아이들에게 필요한 것을 성찰할 때, 각 상황에 맞는 최적의 방법을 찾을 수 있습니다.

### 여행을 마무리하며

교회의 본질은 변할 수 없지만 교회의 사역 방식과 문화는 시대에 따라 변화해야 합니다. 이것이 교회학교를 리셋해야 할 이유입니다. 그러나 이 모든 변화의 중심에는 복음과 예수 그리스도가 자리 잡고 있어야 합니다. 이번 여정을 통해 하나님이 세우신 교회가 시대와 문화를 넘어 온 세대와 모든 민족에게 복음을 전하는 비전을 함께 품게 되기를 바랍니다.

> "다 성심으로 헤브론에 이르러 다윗을 온 이스라엘 왕으로 삼고자 하고"(역대상 12:38)

이스라엘의 리더들이 다윗을 중심으로 하나 되었던 것처럼, 오늘 한국 교회에도 필요한 것은 하나 됨입니다. 지금 한국 교회의 가장 큰 위기는 외부가 아니라 내부의 분열과 불신입니다. 목회자는 신뢰를 회복하기 위해 더욱 신실하게 서야 하고, 성도는 하나님이 세우신 종을 존중하며 힘을 모아야 합니다. 그럴 때 교회는 한 팀이 되어 하나님의 뜻을 이 땅 가운데 드러낼 수 있습니다.

이 책을 읽는 여러분이 각자의 자리에서 교회를 사랑하고 섬기며 세상을 향한 복음의 통로가 되기를 소망합니다. 저는 미국 교회학교 탐방을 마치며, 교회의 미래는 단순히 프로그램이나 시설의 변화가 아니라 하나님 앞에서 변화된 사람들을 통해 이루어진다는 믿음을 품게 되었습니다. 각자의 자리에서 다음세대를 세우기 위해 최선을 다하는 여러분의 귀한 걸음을 응원합니다. 여러분이 계시기에 한국교회 교회학교는 여전히 희망이 있습니다. 교회학교는 아직 끝나지 않았습니다.

다음세대를 위하여, 교회학교를 리셋합시다.

부록

# 미국 기독교 명소 소개

# 1  마틴 루터 킹 국립역사공원
## Martin Luther King Jr. National Historical Park

조지아주 애틀랜타 | Atlanta, Georgia

마틴 루터 킹 국립역사공원은 미국 조지아주 애틀랜타에 위치한 국립공원입니다. 이 공원은 미국의 인권 운동가인 마틴 루터 킹 주니어(Martin Luther King Jr.)의 생애와 업적을 기리기 위해 만들어졌습니다. 그가 태어나고 자란 집을 비롯한 다양한 유적지들이 있습니다. 이 공원은 크게 두 부분으로 나누어져 있습니다. 첫 번째는 마틴 루터 킹 주니어 국립사적지(Martin Luther King Jr. National Historic Site)로 그가 태어난 집과 자란 집, 그리고 그가 다녔던 초등학교 등이 포함되어 있습니다. 두 번째는 마틴 루터 킹 주니어 국립희생자 기념관(Martin Luther King Jr. National Memorial)으로 그의 업적과 아프리카계 미국인의 인권 운동을 기리기 위해 만들어진 기념관입니다.

## 2　플리머스 바위
### Plymouth Rock

매사추세츠주 플리머스 ｜ Plymouth, Massachusetts

　플리머스 바위는 미국 매사추세츠주 플리머스에 위치한 유명한 바위입니다. 1620년 9월, 영국의 플리머스항에서 102명의 청교도들이 메이플라워호에 올라 신대륙 아메리카를 향해 항해를 시작했습니다. 이 바위는 그들이 처음 미국 땅에 발을 내디딘 곳으로 알려져 있습니다. 그들은 출발지의 이름을 따서 처음 상륙한 지점을 '플리머스'라고 부르기 시작했고, 최초로 밟은 바위로 알려진 플리머스 바위에는 '1620'이라는 연도가 새겨져 있습니다.

## 3 빌리 그레이엄 도서관
### Billy Graham Library

노스캐롤라이나주 샬럿 | Charlotte, North Carolina

　빌리 그레이엄 도서관은 미국 노스캐롤라이나주 샬럿에 위치한 도서관입니다. 이 도서관은 세계적으로 유명한 복음주의 기독교 부흥사이자 목사인 빌리 그레이엄(Billy Graham)의 생애와 업적을 기리기 위해 설립되었습니다. 이 도서관은 1973년 여의도 전도대회에서 설교했던 빌리 그레이엄의 생애와 사역과 관련된 문서, 사진, 동영상 등을 전시하고 있습니다. 이 외에도 다양한 전시물과 체험 공간을 제공하여 방문객들은 빌리 그레이엄의 업적과 활동을 한눈에 볼 수 있습니다.

## 4 그랜드 캐니언
### Grand Canyon

애리조나주 | Arizona

　그랜드 캐니언은 미국 애리조나주에 위치한 세계적으로 유명한 자연 경관입니다. 마치 노아의 홍수 사건을 떠올리게 하는, 이른바 지구 대격변설의 흔적을 볼 수 있는 협곡으로 길이는 277마일(446km), 깊이는 최대 1마일(1.6km)에 이릅니다. 그랜드 캐니언은 아름다운 경치와 다양한 지질학적·생태학적 특징을 볼 수 있는 곳입니다. 붉은색, 주황색, 갈색 등 다양한 색상의 바위들이 층을 이루고 있으며 그 경치는 그야말로 장관입니다.

## 5 아크 인카운터
### Ark Encounter

켄터키주 윌리엄스타운 | Williamstown, Kentucky

아크 인카운터는 미국 켄터키주 윌리엄스타운에 위치한 관광 명소로, 성경에 나오는 노아의 방주를 재현한 시설입니다. 이 방주는 크기가 510피트(약 155m), 길이가 85피트(약 26m), 폭이 51피트(약 16m)의 높이로, 세계에서 가장 큰 나무 방주로 알려져 있습니다. 아크 인카운터는 기독교 역사와 성경 이야기를 체험하고 배울 수 있는 장소입니다. 방주 내부를 탐험하며 다양한 전시물과 애니메이션을 감상하고 체험 활동을 즐길 수 있습니다. 또한 방주 안에서는 노아의 가족, 동물들, 그리고 성경에 나오는 이야기를 재현한 장면들을 볼 수 있습니다.

## 6. 창조 박물관
### Creation Museum

켄터키주 피터스버그 | Petersburg, Kentucky

　창조 박물관은 미국 켄터키주 피터스버그에 위치한 박물관입니다. 기독교 창조론을 주제로 한 전시물을 감상하고 다양한 체험 활동을 할 수 있습니다. 박물관 내부는 지구의 역사, 인류의 진화, 동물의 종류와 같은 주제를 다루되, 이를 창조론적인 관점에서 해석하고 전시하고 있습니다. 또한 지구와 생명의 기원에 대한 과학적인 증거와 창조론적인 해석을 비교하고 토론할 수 있는 공간도 마련되어 있습니다.

## 7 성경 박물관
### Bible Museum

워싱턴 D. C. | Washington D. C.

성경 박물관은 미국 워싱턴 D. C.에 위치한 성경 전문 박물관입니다. 이 박물관은 2017년에 개관했으며 세계에서 가장 크고 포괄적인 성경 사본을 보유하고 있습니다. 성경 박물관은 다양한 언어와 문화의 성경 원고, 희귀 서적, 예술 작품, 유물 등을 전시하고 있습니다. 또한 성경 박물관은 다양한 전시물을 통해 성경의 역사와 영향, 성경의 이야기와 인물들, 성경의 문화적 의미 등을 다룹니다.

## 더 크로스
### The Cross

텍사스주 그룸 | Groom, Texas

더 크로스는 세계에서 가장 큰 예수 그리스도의 십자가로 알려진 건축물입니다. 이 거대한 십자가는 1993년에 건설되었으며, 높이는 190피트(약 58m)에 달합니다. 더 크로스는 기독교 신앙의 상징으로서 많은 사람들에게 희망과 위로를 주고 있습니다. 더 크로스는 그룸 언덕 위에 위치하여 멀리서도 눈에 띄며 주변 경관과 어우러져 아름다운 풍경을 만들어 냅니다.

## 9 구원의 산
### Salvation Mountain

캘리포니아주 슬랩시티 | Slab City, California

　구원의 산은 1980년대부터 예술가 레너드 나이트(Leonard Knight)가 만든 예술적인 언덕입니다. 이 언덕은 약 50피트(약 15m) 정도의 높이로 성경 구절과 다양한 작품으로 디자인되었습니다. 구원의 산은 사랑과 평화, 구원의 메시지를 전달하기 위해 만들어진 곳입니다. 레너드 나이트는 이 작품을 통해 사람들에게 희망과 기쁨을 선사하고자 했습니다. 이 언덕은 다양한 색상과 그림으로 장식되어 있어 매우 화려하고 독특한 분위기를 자아냅니다.

## 사이트&사운드 시어터스
### Sight&Sound Theatres

펜실베이니아주 랭커스터 | Lancaster, Pennsylvania

   사이트&사운드 시어터스는 펜실베이니아주 랭커스터에 있는 성경 이야기를 기반으로 한 뮤지컬 공연장입니다. 이곳에서는 성경 이야기를 현대적인 공연 형식으로 재해석하여 관객들에게 전달합니다. 화려한 무대 세트와 생동감 넘치는 동물 인형, 감동적인 음악과 노래, 그리고 전문 연기자들의 연기를 함께 즐길 수 있습니다. 사이트&사운드 시어터스의 공연은 성경 이야기를 기반으로 하지만, 뉴욕 브로드웨이 공연과 비교해도 손색이 없을 만큼 높은 수준의 공연입니다.

## 11 아미쉬 마을
### Amish village

펜실베이니아주 랭커스터 | Lancaster, Pennsylvania

펜실베이니아주 랭커스터에는 아미쉬 마을이 있습니다. 아미쉬는 현대 기술을 거부하고 전통적인 삶을 유지하는 보수적인 기독교 집단입니다. 이들은 여전히 말과 마차를 이용하고, 전기와 현대 기기를 거의 사용하지 않으며, 농사나 수공업으로 생활을 유지합니다. 아미쉬 마을은 아름다운 시골 풍경과 함께 독특한 문화를 경험할 수 있는 곳으로 알려져 있습니다. 이곳을 방문하면 아미쉬 사람들이 직접 만든 공예품, 신선한 농산물, 맛있는 베이커리 등을 즐길 수 있습니다. 또한 아미쉬 사람들의 전통적인 복장과 생활 방식을 경험할 수 있습니다.

# 바이블 벨트
## Bible Belt

미국 남부 지역 | region of the Southern United States

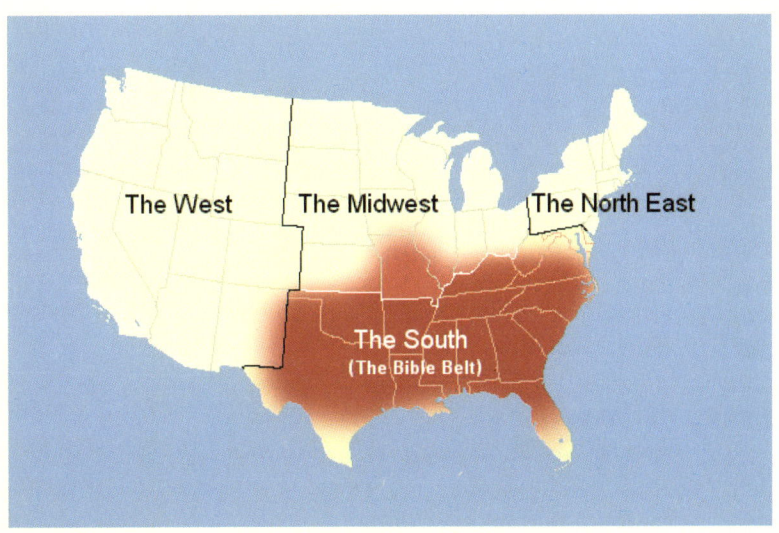

바이블 벨트는 미국 남부에 위치한 지역입니다. 기독교 신앙과 성경의 중요성을 강조하며 미국 내에서도 복음주의 기독교인의 비율이 상당히 높은 지역으로 알려져 있습니다. 바이블 벨트에는 기독교 교회와 관련된 시설들이 많이 자리 잡고 있으며, 기독교 교육과 관련된 대학교와 신학교도 밀집해 있습니다.

교회학교를 리셋하라

초판 1쇄 발행 2025년 10월 4일
초판 3쇄 발행 2026년 1월 5일

지은이　　유승현

발행인　　김은호
편집인　　주경훈
책임 편집　김영미
편집　　　황윤경, 이시온, 김수민, 정민석
디자인　　박세미
발행처　　도서출판 꿈미
등록　　　제2014-000035호(2014년 7월 18일)
주소　　　서울시 강동구 양재대로81길 39, 2층 2호
전화　　　070-4352-4143, 02-6413-4896
팩스　　　02-470-1397
홈페이지　http://www.coommi.org
쇼핑몰　　http://www.coommimall.com
메일　　　book@coommimall.com
인스타그램　@coommi_books

ISBN 979-11-93465-87-5 03230

\* 책값은 뒤표지에 있습니다.
\* 이 책은 도서출판 꿈미에서 만든 것으로 저작권법의 보호를 받으며 무단 전재 및 복제를 금합니다.

도서출판 꿈미는 가정과 교회가 연합하여 다음세대를 일으키는 대안적 크리스천 교육기관인 사단법인 꿈이 있는 미래의 사역을 돕기 위해 월간지와 교재, 각종 도서를 출간합니다.